Ezequiel Corrêa dos Santos

Um jacobino na corte imperial

MARCELLO OTÁVIO BASILE

EZEQUIEL CORRÊA DOS SANTOS

UM JACOBINO NA CORTE IMPERIAL

OS QUE FAZEM A HISTÓRIA

FGV
EDITORA

ISBN — 85-225-0366-4

Direitos desta edição reservados à
EDITORA FGV
Praia de Botafogo, 190 — 14º andar
22253-900 — Rio de Janeiro — Brasil
Tels.: 0800-21-7777 — 0-XX-21-2559-5533
Fax: 0-XX-21-2559-5541
e-mail: editora@fgv.br
http://www.fgv.br/publicacao

Impresso no Brasil / *Printed in Brazil*

1ª edição — 2001

COORDENADOR DA COLEÇÃO: Francisco J. Calazans Falcon

REVISÃO DE ORIGINAIS: Luiz Alberto Monjardim

REVISÃO: Maria Cláudia Ajúz Goulart e Sandra Pássaro

EDITORAÇÃO ELETRÔNICA: Simone Ranna

CAPA: Visiva Comunicação e Design

FOTO DE CAPA: Farmacêutico Ezequiel Corrêa dos Santos, descobridor da pereirina. Acervo da Fundação Biblioteca Nacional, Brasil.

Ficha catalográfica elaborada pela Biblioteca
Mario Henrique Simonsen/FGV

Basile, Marcello Otávio
Ezequiel Corrêa dos Santos: um jacobino na corte imperial / Marcello Otávio Basile. — Rio de Janeiro : Editora FGV, 2001.
152p. — (Os que fazem a história)

1. Santos, Ezequiel Corrêa dos, 1801-1864. I. Fundação Getulio Vargas. II. Título. III. Série.

CDD-923.281

Este livro é, em certa medida, derivado da dissertação de mestrado que defendi em março de 2000 no Programa de Pós-Graduação em História Social da Universidade Federal do Rio de Janeiro, intitulada "Anarquistas, rusguentos e demagogos: os liberais exaltados e a formação da esfera pública na corte imperial (1829-1834)". A dissertação não é centrada no personagem aqui em questão, e sim, mais amplamente, no grupo político ao qual ele pertencia. Mas boa parte do que é apresentado aqui provém daquele trabalho, à exceção de passagens diversas espalhadas pelo texto, da introdução, do último capítulo e do epílogo, produzidos especialmente para este livro.

Devo, portanto, reiterar meus sinceros agradecimentos feitos naquela ocasião a Francisco Carlos Teixeira da Silva, por todo o brilho de sua orientação; aos demais membros da banca examinadora, José Murilo de Carvalho e Ilmar Rohloff de Mattos, pelas sugestões preciosas e generosa atenção dispensada antes, durante e depois da defesa; também a Maria Yedda Linhares, Marcos Bretas e Celeste Zenha, que, com muito boa vontade e interesse, acompanharam de perto a jornada, leram e comentaram o trabalho no todo ou em partes; e, no plano pessoal, ao meu pai Otávio e à Margarida, por todo o apoio, carinho e compreensão.

Agradeço novamente a José Murilo de Carvalho e ainda a Alzira Abreu, pela inestimável oportunidade de publicar este livro.

SUMÁRIO

Apresentação

Segundo Wilhelm Dilthey, a importância da biografia reside no fato de que seu nexo primordial é constituído pelo curso da vida de um indivíduo dentro do meio do qual ele recebe influências e sobre o qual reage. Representante do neo-historicismo germânico do final do século XIX e começos do XX, Dilthey foi um dos maiores expoentes daquela "revolta antipositivista" a que se referiu Stuart Hughes ao analisar o quadro geral da história das idéias na Europa de 1890 a 1930, em seu livro *Consciência e sociedade*. No campo historiográfico, porém, foram um tanto diferentes os caminhos trilhados pela reação ao positivismo.

A biografia como gênero historiográfico foi cultivada, embora de maneiras diferentes, por historiadores ligados ao romantismo e ao positivismo, ao longo do século XIX e nas primeiras décadas do século XX, pelo menos até a II Guerra Mundial. Todavia, no caso específico da França, o surgimento da chamada École des Annales, a partir de 1929, em franca oposição à história "positivista" então dominante, tendeu a levar de roldão, na enxurrada dos "combates" de Lucien Febre contra a "história acontecimental", a biografia histórica, tida como uma das formas típicas de uma historiografia ultrapassada.

A hegemonia do paradigma estrutural — e do marxista! — até começos dos anos 1970 não deixou muitos espaços, sobretudo na França, aos historiadores eventualmente interessados em histórias individuais. Afinal, como gênero ligado ao "tempo curto", no nível dos acontecimentos, a biografia parecia insignificante e desnecessária às grandes sínteses estruturais — e objetivas.

Durante os anos 1970 e após algumas das insuficiências dos paradigmas dominantes, abriram caminho os "novos objetos", "novas abordagens", "novos problemas" da "*nouvelle histoire*", especialmente a "história das mentalidades" e a série dos assim chamados "retornos": da narrativa, da política, do indivíduo e da biografia. Nas origens de tais mudanças estava o longo e complexo processo que caracteriza o retorno do sujeito forte e da subjetividade na teoria social e a sua historicização, em substituição à dicotomia positivista "sujeito/objeto". O reconhecimento da importância crucial do sujeito individual e/ou social na construção da realidade histórica, bem como do papel decisivo do historiador na produção/interpretação das visões dessa realidade, trouxe a biografia de volta ao primeiro plano das pesquisas históricas, embora por uma ótica diversa daquela reinante na primeira metade do século.

Os novos tempos vividos pela historiografia contemporânea nos anos 1980 e 90 não tiveram uma resposta imediata entre nós no âmbito biográfico, especialmente entre os historiadores. Foi esta percepção, um tanto impressionista, convenhamos, que nos levou, em contato estreito com Alzira Alves de Abreu, a pensar na organização de uma série de biografias de personagens importantes da história do Brasil, a serem publicadas pela Editora FGV.

Ao analisarmos a viabilidade dessa nova coleção, verificamos a existência, hoje, de um clima favorável, em termos editoriais e de público, aos textos biográficos; por outro lado, a produção de biografias históricas é ainda um tanto escassa entre nós. Ao mesmo tempo, porém, não se trata de promover um "retorno" puro e simples da biografia, algo que consideramos totalmente sem sentido, mas, sim, de incentivar a produção de estudos de natureza histórica, ancorados na vida e obra de personagens significativas, mas fortemente inseridas no seu espaço-tempo concreto.

As complicadas relações entre literatura e história, ou como querem outros, entre "realidade" e "ficção", sempre um tanto potencializadas na biografia, nós as deixamos por conta de cada um dos autores convidados a participar desta coleção. Assim, salvo aquelas coordenadas mais gerais de caráter formal, necessárias à uniformidade das edições, nossos autores têm total liberdade para eleger seus próprios caminhos, alternando, se assim preferirem, narração e descrição, mas buscando evitar, se possível, os excessos eruditos e as polêmicas acadêmicas, teóricas ou não.

Coube à coordenação, através de leituras críticas, tentar evitar, quando possível, os eventuais excessos e descaminhos e manter atuante a idéia de que o estudo biográfico é inseparável do exame das "circunstâncias" (no sentido dado por Ortega y Gasset) do biografado: a sociedade, a época, a cultura, o ambiente intelectual.

Por último, é oportuno alertar os nossos leitores para o caráter interdisciplinar, ou melhor, multidisciplinar da coleção **Os que fazem a história**, teórica e metodologicamente comprometida com as características da historiografia contemporânea moderna e/ou pós-moderna, conforme a opção ou não do autor pelo "realismo histórico".

Francisco J. Calazans Falcon
Professor associado da PUC-Rio

Introdução

No âmbito do chamado retorno da biografia, observa-se não apenas a retomada, sob novas perspectivas, de personagens que ficaram célebres ao longo da história, mas também o resgate de indivíduos que, a despeito da importância efetiva que tiveram em uma determinada época, foram praticamente esquecidos pela posteridade, ou relegados a um plano pouco condizente com o papel que desempenharam. Muitos destes eram homens ligados a uma causa sem êxito, a um projeto derrotado, e como tal foram estigmatizados, ficando, assim, suas memórias comprometidas entre a depreciação implacável promovida por seus adversários contemporâneos e o silêncio revelador da história.

É precisamente este o caso de Ezequiel Corrêa dos Santos. Poucas pessoas, mesmo entre os historiadores, saberiam dizer alguma coisa sobre esta eminente figura dos tempos conturbados, e sob vários aspectos ainda obscuros, da construção do Império brasileiro. Alguns talvez tenham ouvido falar de sua fama de agitador, de demagogo radical, que, com seus escritos incendiários e ação militante nas ruas, procurava insuflar a população do Rio de Janeiro contra o governo e a ordem imperiais. Mas, afinal, quem foi Ezequiel Corrêa dos Santos? O que, de fato, representou historicamente sua trajetória, a ponto de merecer um trabalho como este? Bem, apenas para situar um pouco o leitor, basta por ora dizer, quanto às suas atividades políticas, que, em fins do Primeiro Reinado e início do período regencial, Ezequiel foi redator do principal jornal *liberal exaltado* publicado na corte, onde propunha uma série de reformas radicais de caráter não só político, mas também social; que participou ativamente dos movimentos de protesto e revolta ali ocorridos; e que fundou uma importante associação dedicada a introduzir o sistema federativo no Brasil. Expoente maior do liberalismo radical na capital imperial, na primeira metade do século XIX, sua trajetória lança luz sobre a cultura política e os mecanismos de ação política no Império.

Natural da antiga freguesia do Pilar, no interior fluminense, filho legítimo de Ezequiel Antônio dos Santos e Maria Rosa de Oliveira Santos, Ezequiel Corrêa dos Santos nasceu com o novo século, o XIX, a 10 de abril de 1801 — no mesmo ano em que no Rio de Janeiro assumia o penúltimo vice-rei do Brasil, o conde de Aguiar, crítico da administração colonial, e que Pernambuco era sacudido pela conspiração anticolonialista dos Suaçunas.

A maior parte da criação de Ezequiel já se deu, todavia, em meio a novo ambiente, o do Rio de Janeiro convertido em sede do vasto Império lusitano, a partir da transferência da corte portuguesa para esta cidade, em 1808. Embora a decisão da mudança decorresse da invasão de Portugal pelas tropas napoleônicas (em face da recusa daquele país a aderir ao bloqueio continental imposto pela França contra a Inglaterra), a medida correspondia também ao projeto reformista ilustrado, acalentado por homens como dom Rodrigo de Sousa Coutinho e Silvestre Pinheiro Ferreira, de construção de um poderoso Império luso-brasileiro, espécie de Reino Unido, com sede no Brasil. A transferência da corte provocou uma série de mudanças na vida da cidade, que seriam decisivas na formação profissional de Ezequiel. O impacto da súbita chegada de cerca de 15 mil pessoas em uma cidade colonial que não passava dos 60 mil habitantes trouxe de imediato vários problemas: de urbanização, insuficiência de serviços, crise de abastecimento, carência de moradias, aumento do preço dos aluguéis e dos gêneros de subsistência (ficaram famosas as iniciais *P. R.* fixadas na fachada das residências requisitadas arbitrariamente para abrigar os recém-chegados, as quais a população logo apelidou de "ponha-se na rua", em lugar de "Príncipe Regente"). Para além de ocupações burocráticas, a presença da corte demandava, portanto, uma rede de infra-estrutura urbana que, embora sempre precária, oferecia agora boas oportunidades de trabalho para as mais variadas profissões. Além disso, ao lado de todo o aparato político-administrativo do Estado português, foram também instaladas diversas instituições destinadas a promover a ciência e a cultura, a *civilizar* a nova metrópole.

Dentre estas instituições (Biblioteca Real, Museu Real, Observatório Astronômico, Jardim Botânico, Imprensa Régia, Academia de Belas Artes), destacava-se a Academia Médico-Cirúrgica, criada em 1813 no Rio de Janeiro e dois anos depois também na Bahia. Originária da Escola Anatômica, Cirúrgica e Médica do Rio de Janeiro e da Escola de Cirurgia da Bahia, estabelecidas pelo governo joanino em 1808, e embrião da futura Faculdade de Medicina, fundada nas mesmas cidades em 1832, a Academia Médico-Cirúrgica oferecia, além dos cursos de medicina e cirurgia, também o de farmácia. Foi neste que, após concluir seus estudos preliminares, Ezequiel ingressou, provavelmente em 1817. Antes, porém, como previam os estatutos da instituição, teve de cursar um ano de química na Escola Militar, para em seguida matricular-se no terceiro ano do curso médico-cirúrgico e, findo o qual, praticar por mais um ano na botica designada pela Escola (que era, então, a de José Caetano de Barros). Aprovado nos exames finais, Ezequiel foi afinal diplomado boticário, por carta régia datada de 2 de junho de 1819. Talvez sua família não dispusesse de recursos suficientes para mandá-lo estudar na Europa, na Universidade de Coimbra, em Portugal, ou de Montpellier, na França, principais centros formadores da elite brasileira do período (nesta última, inclusive, estudaram vários radicais políticos da geração anterior, de fins do século XVIII e princípios do XIX).[1] Mas o fato é que aos 18 anos de idade Ezequiel já tinha um futuro promissor pela frente como boticário, dada a escassez de profissionais formados nessa área e a crescente demanda desses serviços, com a expansão urbana e demográfica da cidade a partir da transferência da corte, tanto no setor de pesquisa (onde boa parte das drogas era panacéias, elixires milagrosos e preparados de fórmulas secretas, geralmente de origem francesa ou inglesa), quanto no de boticas.

A formação profissional de Ezequiel coincidiu com o início efetivo de sua educação política. No ano seguinte à sua diplomação, em agosto de 1820, eclodia no Porto uma revolução de caráter liberal, na esteira da onda revolucionária que assolava então Espanha, Grécia, Nápoles e Confederação Germânica. O movimento era uma reação direta à *inversão colonial*, que levou Portugal à perda da condição de centro político do Império e à ruína econômica. Pretendia, por um lado, implantar um governo liberal na antiga metrópole, transformando as Cortes (Parlamento) consultivas do antigo regime em Cortes deliberativas, que elaborassem uma Constituição, subordinando a Coroa ao Poder Legislativo e conferindo direitos aos cidadãos; e, por outro, promover o desenvolvimento econômico do reino, a fim de superar a crise em que se achava imerso. Embora no decorrer do processo fossem colocados como condição para tanto o retorno da corte para Portugal e o restabelecimento dos antigos vínculos coloniais, o movimento vintista português recebeu grande acolhida nas províncias brasileiras. Os princípios liberais que o fundamentavam — constitucionalismo, representação política, divisão de poderes, pacto social, garantias e direitos civis e políticos dos cidadãos, soberania do povo ou da nação — encontraram ampla ressonância no Brasil, suscitando intenso debate em torno dos mesmos.

Para isto muito contribuiu a ação da imprensa, que, apesar de introduzida em 1808, exercera desde então uma ação bastante limitada, quer pela censura a ela imposta, quer pelo número muito reduzido de publicações e seu caráter predominantemente oficial. A partir de 1821, no entanto, embalada pela fermentação política, pelo fim da censura prévia e pela criação de tipografias particulares, a imprensa ganha um impulso notável, sendo publicados, somente no Rio de Janeiro, naquele ano, cerca de 23 periódicos (dos quais apenas um já existia anteriormente), chegando a 40 no ano seguinte, quase todos de caráter político-doutrinário.[2] Mais impressionante ainda é o número de panfletos políticos em circulação na cidade naqueles anos, superior a 600. Tipografias existiam também na Bahia (desde 1811), Pernambuco e Maranhão (instaladas em 1821) e no Pará (1822). Jornais e panfletos eram responsáveis, assim, pela difusão e vulgarização de uma cultura política de matiz liberal, produzindo uma densa rede de debates nos dois lados do Atlântico, em torno, por um lado, dos acontecimentos controversos que se sucediam rapidamente e culminariam na Independência (a permanência ou não de dom João VI no Brasil e o local mais adequado para sede da monarquia, as eleições para as Cortes de Lisboa, as medidas tomadas por estas, o Fico, a convocação do Conselho de Procuradores das Províncias e da Assembléia Constituinte brasileira, a união ou a separação dos dois reinos); e, por outro, dos já referidos princípios liberais, que aquelas publicações empenhavam-se em explicar cuidadosamente, em versões evidentemente vulgarizadas e doutrinárias, lançando mão, para isso, de uma linguagem simples e didática, próxima à falada, e apresentando-se sob as mais diversas formas pedagógicas do discurso político (cartas, diálogos, versos, hinos, catecismos e orações políticas). Assim, se o processo de Independência do Brasil, ao contrário do ocorrido nos Estados Unidos e nas ex-colônias espanholas, não foi marcado por ações espetaculares de resistência ao jugo metropolitano ou por uma grande luta armada de libertação, produziu, todavia, como salientou em um desses panfletos Luís Gonçalves dos Santos, o padre Perereca, uma autêntica "guerra literária", que inundou Brasil e Portugal de tais publicações.[3]

É possível que Ezequiel já tivesse entrado em contato com essas idéias em seus tempos de estudante, uma vez que se sabe que parte da literatura ilustrada, apesar de oficialmente proibida de circular no Brasil desde finais do século XVIII, devido ao medo de propagação dos *abomináveis princípios franceses*, aqui chegava via contrabando ou mesmo licença para alguns *homens bons*, e era assim lida nos meios letrados. Prova disso é a presença das obras de Rousseau, Voltaire, Montesquieu, Locke, Raynal e tantos outros nas bibliotecas particulares de membros das elites coloniais, obras que passaram a circular e a ser discutidas com maior liberdade desde 1821. Mas, de qualquer modo, foi a partir da experiência inovadora do vintismo no Brasil que Ezequiel, tal como outros indivíduos de sua geração, parece ter despertado para a ação política, ainda que as idéias que mais tarde defenderia estivessem muito além do liberalismo moderado vintista.

Se não chegou a tomar parte nas batalhas impressas da época da Independência, foi logo em seguida, após o fechamento da Assembléia Constituinte por Pedro I, em novembro de 1823, que Ezequiel iniciou sua militância política, ingressando na sociedade secreta dos Amigos Livres. Embora desde aquele ano, como parte das medidas tomadas para silenciar os grupos divergentes, as sociedades secretas estivessem proibidas por lei, algumas resistiram clandestinamente, fazendo oposição ao imperador. Já se evidenciavam aí três traços característicos da trajetória política de Ezequiel: a luta pelas liberdades civis e políticas, a oposição ao governo e o associativismo. Para a definição de seu pensamento em direção ao liberalismo radical, todavia, muito contribuiriam as práticas autoritárias e as diretrizes conservadoras instituídas durante o Primeiro Reinado. A outorga, em 1824, de uma Constituição que consagrava a centralização política e administrativa e a concentração de poderes nas mãos do imperador (principalmente com a criação do Poder Moderador); as medidas sistemáticas de força contra políticos e jornalistas de oposição (censura, prisões, processos judiciais, intimidações e, sobretudo, a dissolução da Constituinte e a repressão violenta à Confederação do Equador); e a completa ausência de reformas na estrutura social, preservando-se as camadas privilegiadas, os acentuados desníveis de riqueza, a concentração fundiária, o sistema escravista, a exclusão de diversos segmentos dos plenos direitos de cidadania e o baixo nível de instrução, tudo isso levou Ezequiel a questionar a situação vigente e o tipo de liberalismo então desenvolvido. As leituras que fizera ou vinha fazendo de Locke, Montesquieu, Voltaire, Bentham, mesmo Silvestre Pinheiro Ferreira e principalmente Jean-Jacques Rousseau contrastavam com aquela situação e claramente lhe pareciam apontar uma outra direção. E era esse caminho híbrido, que, como será visto, combinava princípios liberais clássicos com ideais democráticos, que doravante iria seguir em sua trajetória como principal representante dos liberais exaltados na corte imperial.

Essa inserção de Ezequiel como integrante exponencial de uma facção política radical, compartilhando com ela, portanto, determinadas práticas e um projeto político comum, deve ser enfatizada, para que não fique a impressão, tão comum nas biografias, de um indivíduo que de tão singular afigura-se quase que como uma entidade desconectada de seu contexto, da rede de sociabilidade em meio à qual pôde desenvolver sua trajetória. E é sobretudo no âmbito dessa trajetória, no interior do campo multifacetado de relações concorrentes, conflitantes, compartilhadas e controversas em que cada um se encontra inserido, onde melhor se pode compreender a série sucessiva de posições e escolhas tomadas, conscientemente ou não, pelo indivíduo em questão.[4]

Nos capítulos que se seguem, Ezequiel mostrará toda a força de suas idéias e a firmeza de suas ações, mas também suas ambigüidades e limitações, como aquele que, de todo modo, mais adiante levou, na capital do Império, os ideais do chamado liberalismo exaltado. Nos dois primeiros capítulos, Ezequiel está com a pena na mão, para exibir seus dotes de publicista, de escritor público, como se dizia na época, à frente de sua mais extraordinária obra, a *Nova Luz Brasileira*; inicialmente, são os aspectos propriamente políticos do projeto defendido no jornal que avultam, para, em seguida, emergirem as propostas de cunho social que integravam o mesmo projeto. No terceiro capítulo, o panfletário político e o reformista social dão lugar ao rebelde das ruas, sendo Ezequiel acompanhado em seus momentos mais difíceis, no calor das manifestações de protesto e revolta que agitaram as ruas da corte no decisivo ano de 1831. E no quarto e último capítulo, quem surge é o federalista, revelando mais uma face das atividades políticas de Ezequiel, o movimento associativo, do qual participou de diferentes formas e em diversas oportunidades, sobretudo ao fundar e dirigir, naquela cidade, a Sociedade Federal Fluminense. Um epílogo, por fim, dará uma rápida olhada no destino seguido por Ezequiel após seus anos intensos de militância política como um distinto jacobino na corte imperial.

Esta biografia concentra-se, portanto, na trajetória política de Ezequiel enquanto líder *exaltado*, deixando de lado maiores considerações sobre sua vida pessoal e sobre suas atividades profissionais como boticário; aspectos que, sem dúvida, merecem ser mais bem estudados, mas que não caberia aqui enfocar, dentro dos propósitos definidos e dos limites espaciais deste trabalho. Até porque me parece ser este, se não o melhor recorte, ao menos o de maior relevância historiográfica e o de maior interesse para o público em geral.

O panfletário político

As coisas não andavam nada bem para o lado do Imperador nos idos de 1829. Já fazia três anos, desde a reabertura do Congresso e o revigoramento da imprensa política, que a oposição ao governo saíra do ostracismo e vinha ganhando força. Os atos arbitrários e as medidas repressivas acumulados por dom Pedro em seus primeiros anos de reinado não conseguiram sufocar por muito tempo os clamores liberais, que aos poucos foram se reordenando em torno da defesa das liberdades pátrias. A batalha travava-se em duas frentes articuladas: na Câmara, os deputados oriundos de uma nova geração de políticos do Rio de Janeiro, Minas Gerais e São Paulo, ligados à produção e ao comércio de abastecimento da corte, procuravam limitar os poderes do Imperador, fiscalizar os atos do governo e obter maior ingerência sobre suas decisões, chegando a instituir a responsabilidade dos ministros e conselheiros de Estado, a censurar tais autoridades e a obstruir diversas propostas do Executivo; na imprensa, os novos jornais amplificavam e aprofundavam as críticas ao governo, contribuindo para mobilizar a opinião pública e criar um clima de descontentamento e animosidade em relação ao mesmo. Enquanto o número de periódicos vinha caindo drasticamente desde 1823 (quando 30 foram publicados no Rio de Janeiro, baixando para 23 e depois para apenas 13 nos dois anos seguintes), a partir de 1826 a produção jornalística ganha novo impulso, saltando o número de jornais então publicados na corte para 31, baixando um pouco para 26 no ano seguinte e voltando a crescer daí por diante (48 em 1828, 49 em 1829 e 52 em 1830).[5] Além disso, tipografias surgem em Minas Gerais (1823), Ceará (1824), São Paulo e Rio Grande do Sul (1827) e Goiás (1830).

Em 1829, a radicalização das lutas políticas leva à emergência, na corte, de uma nova facção política, os liberais exaltados. Se em províncias como Pernambuco e Bahia a existência de grupos radicais não chegava a ser novidade (basta lembrar os exemplos mais conhecidos de Cipriano Barata e frei Caneca), na corte a situação era diversa, uma vez que nem na época da Independência, nem em qualquer outra, formaram-se aí grupos propriamente radicais. E, de todo modo, os exaltados que surgiram em fins do Primeiro Reinado (não só no Rio de Janeiro, mas também em várias províncias) apresentavam algumas características distintas das de seus predecessores, cujo radicalismo, à exceção do mestre Barata, era, em geral, meramente político, sem avançar sobre as espinhosas questões sociais. Diferiam ainda mais dos liberais que desde 1826 vinham fazendo oposição ao governo, os moderados, embora também compartilhassem com estes alguns princípios básicos (especialmente no que concerne à redução dos poderes detidos pelo imperador) e, sobretudo, naquele momento, o interesse comum de formarem juntos uma ampla frente oposicionista. O pacto, nem sempre amistoso, será rompido após a abdicação de Pedro I, em 7 de abril de 1831, quando os moderados, mais bem estruturados politicamente, chegam ao poder, alijando os exaltados, que assim permanecem na oposição, agora ao governo regencial. E nisto estarão acompanhados de uma terceira facção, surgida no início de 1832 — os caramurus —, defensores de um modelo político autoritário e conservador, nos moldes do Primeiro Reinado, com os quais os exaltados não terão, portanto, qualquer afinidade ideológica (o que não impediu uma ala deste grupo, da qual não fazia parte Ezequiel, de se aliar aos caramurus, no intuito de formar um bloco de oposição à Regência moderada).

A nova facção, todavia, não surge como uma coalizão parlamentar, onde aliás nunca viria a ter substancial representação. Seus membros nem sequer integravam a elite política ou socioeconômica do Império, sendo basicamente oriundos das camadas médias urbanas (profissionais liberais, funcionários públicos, militares, pequenos e médios comerciantes). É o caso não só do boticário Ezequiel, mas também do padre e professor Marcelino Ribeiro Duarte, dos majores Miguel de Frias e Vasconcellos e Antônio Rangel de Vasconcellos, do tipógrafo Paula Brito, e dos jornalistas Borges da Fonseca, Cipriano Barata e João Baptista de Queiroz, entre outros. É então no seio da esfera pública em formação que os exaltados despontariam, fazendo da imprensa seu principal canal de ação política. Suas atividades na capital imperial iniciam-se propriamente em 1829, com a publicação de três periódicos: a *Luz Brasileira* (criada em setembro, redigida por Silvério Mariano Quevêdo de Lacerda), a *Voz Fluminense* (em outubro, de redator desconhecido) e a *Nova Luz Brasileira.*

O jornal de Ezequiel Corrêa dos Santos foi o mais extenso, duradouro, influente e, sem dúvida, o mais radical dos periódicos exaltados da corte. Esteve regularmente em circulação de 9 de dezembro de 1829 a 13 de outubro de 1831, totalizando 180 números, mais cinco suplementos. Eventualmente, João Baptista de Queiroz, outro publicista exaltado, colaborava na redação do jornal. Como quase todas as folhas políticas da época, esta também tinha sua epígrafe, que, embora extraída das *Leituras de Economia Política* do conservador José da Silva Lisboa, o visconde de Cairu, sintetiza bem sua linha de princípios revolucionários: "*Uma das causas das revoluções é pôr nos Empregos Públicos pessoas sem habilitações proporcionadas; e promover às Dignidades os indignos. As matérias das sedições são muita pobreza e muito descontentamento*". Mais tarde, a partir do número 164, de 31-8-1831, substitui esta epígrafe por outra, na mesma linha, extraída do jornal *exaltado* pernambucano *Bússola da Liberdade*:

Da Liberdade o Norte mostrarei,
À despeito de tudo quanto é vão:
Ou com ela vencer, como Aristides,
Ou com ela morrer, como Catão.

Uma das características mais marcantes que Ezequiel imprimiu à *Nova Luz Brasileira*, já evidenciada no sugestivo título do jornal, era a preocupação de instruir, de iluminar o público-leitor.

Ideal iluminista, manifesto no desdobramento lógico deste princípio: a realização de uma pedagogia política do cidadão, uma ação doutrinária visando educar os indivíduos para a participação política, formar o verdadeiro cidadão, em uma época na qual se desenvolvia toda uma nova e dinâmica cultura política, que colocava acento na emergência de uma opinião pública ativa como fonte de legitimidade política. A maior evidência dessa ação pedagógica empreendida pelo jornal é a sua singular iniciativa de produzir, ao longo de 49 edições, o que se poderia chamar de um *dicionário cívico doutrinário*, um amplo conjunto de termos e expressões conceituados sob a forma de nada menos que 108 "verbetes" (ou *definições*, como preferia o jornal) de significação política. Estes "verbetes" abrangem um vasto campo conceitual, referenciado em torno da oposição semântica entre liberalismo e despotismo, compreendendo, assim, diversos eixos temáticos: formas de governo; divisão de poderes e órgãos constituintes de um governo liberal; direitos e garantias do homem e do cidadão; Estado, pátria, nação e soberania; categorias sociais, doutrinas e instituições sustentadoras do despotismo; relações entre Igreja e Estado; elementos da esfera pública; política econômica e tributária. No decorrer deste trabalho, teremos oportunidade de observar vários desses "verbetes", notando o quanto traduzem do pensamento e da ação de Ezequiel e dos exaltados em geral. Mais do que isso, o *dicionário cívico doutrinário* da *Nova Luz Brasileira* evidencia e sintetiza o desenvolvimento (e a importância então adquirida) de uma nova linguagem política, expressa por um vocabulário próprio, onde se encontram os fundamentos conceituais do projeto político exaltado, pautado nas idéias liberais radicais. Revela também o esforço de Ezequiel para difundir essa linguagem e instruir seu público nesses princípios, como esclarece logo na introdução feita ao *dicionário*, no número 11 (15-1-1830) do jornal: "*Como o nosso desejo é apresentar luzes a quem está nas trevas do pouco saber, oferecemos aos leitores várias explicações de termos, e frases, que alguns talvez ignorem*". E, para que pudesse se fazer entender mesmo pelos dotados de pouca instrução, recorria ao uso de uma linguagem simples, direta, virulenta, refratária às convenções discursivas de civilidade, porque "*nós queremos ser entendidos rapidamente pela mais rude inteligência sem reflexão*".[6]

Assim como a linguagem, a retórica era outro elemento indispensável do discurso político da época, ainda mais para quem pretendia desempenhar uma função pedagógica. Diferentemente de hoje, constituía então uma disciplina amplamente difundida e valorizada, ocupando lugar de destaque na formação de toda pessoa com nível de instrução acima da alfabetização elementar. Em Portugal, antes e depois das reformas pedagógicas pombalinas, era ensinada no Colégio das Artes (onde se cursavam os estudos menores) e na Universidade de Coimbra, instituições pelas quais passou grande parte da elite política e intelectual brasileira da época. No Brasil, integrava o currículo das Aulas Régias e, mais tarde, do Colégio Pedro II, fazendo parte também das aulas e dos exames preparatórios exigidos para o ingresso nas escolas superiores. Além disso, a retórica era divulgada em diversos compêndios dedicados ao estudo do tema. Estava, assim, impregnada na vida cotidiana, presente na oratória das missas e das cerimônias ou festividades públicas, inclusive nas manifestações políticas, chegando, então, via transmissão oral, até às camadas iletradas, que, se não dominavam as técnicas, assistiam à sua exibição.[7]

Como Ezequiel, os redatores de jornais e panfletos estavam, portanto, bem familiarizados com a retórica, o mesmo ocorrendo com seus leitores. O próprio caráter político-doutrinário de quase todas essas publicações — destinadas, mais do que qualquer outra, a persuadir o público-leitor e a combater idéias e grupos rivais — fazia da retórica um elemento fundamental na sua composição. As análises dos acontecimentos, as exposições de princípios, as propostas defendidas e as críticas aos adversários davam-se, então, no mais característico estilo retórico. As mais diversas técnicas de argumentação encontram-se, assim, nessas publicações, e a linguagem dura, direta e persuasiva da *Nova Luz Brasileira* era uma delas, ao lado de muitas outras (como os ataques pessoais, o argumento de autoridade, os modelos e exemplos, as figuras de linguagem, o uso de termos e expressões populares e coloquiais, ou as estruturas de texto em forma de diálogos, versos, hinos, orações e cartas, que favoreciam a prática recorrente da leitura oral).

Munido deste arsenal retórico, Ezequiel tratará de difundir seu projeto político nas páginas da *Nova Luz Brasileira*. À exemplo das definições conceituais do *dicionário cívico doutrinário*, a antinomia entre liberalismo e despotismo constituía o tema central das questões de caráter estritamente político debatidas no jornal. A apologia exaustiva do governo liberal contrapunha-se, assim, à crítica feroz ao que era tido como governo absoluto. Este, no "verbete" explicativo que lhe foi dedicado, era definido como "*todo aquele governo que reúne os poderes em uma única pessoa, e que por isso nele pode mais a vontade de um só homem, e de qualquer que obre em seu nome, do que as leis*", ao passo que o *despotismo* seria "*uma ação fora das leis*" e "*procede do abuso do poder*".[8] Outros "verbetes" referiam-se, por outro lado, ao governo liberal, como é o caso de *a melhor forma de governo*, que nada mais seria do que "*a Constitucional liberal*", porque é aquela em que "*se pode abusar menos do poder; aquela onde se vexa menos a Nação com tributos e despotismo, e se faz justiça com brandura e inteireza; e onde se pode conhecer e corrigir com mais facilidade os abusos desse poder*"; da mesma forma, *governo legítimo* seria aquele que "*um Povo, como verdadeiro e único Soberano, escolhe e dá a si mesmo, independente de força e sedução*".[9]

Ainda conforme o *dicionário*, somente nos governos liberais é que de fato poderia haver nação e pátria. Isto porque a *Nação* configurava-se como "*o Povo reunido debaixo de um instituto, ou governo, conforme ao seu gosto e circunstâncias*".[10] *Pátria*, por sua vez, apresentava duas significações, uma física e outra moral. A primeira continha também duas acepções, a geral e a particular, que apontam para a ambigüidade de que a noção se revestia na época: "*a geral é a idéia de nação, ou província, a que o homem pertence; a particular é a idéia da terra, cidade, vila, ou lugar, em que a natureza lhe deu o ser e a vida*". Já a idéia moral remete à "*obrigação, que tem a Pátria, de nos conservar os nossos direitos naturais e civis, a respeito da vida, da liberdade, da igualdade, propriedade etc.; de nos dar parte na administração do nosso governo; e de nos franquear os meios de perfeição pelas luzes*". Neste sentido, o jornal ressaltava que "*extinta esta idéia moral, morrem as idéias físicas, e desaparece a idéia de pátria*". É por isso que nos governos absolutos "*não há pátria, porque falta a idéia moral, e por isso o homem tor-*

na-se escravo".[11] Observa-se na idéia física a combinação de uma noção nacional, regional e mesmo local de pátria, muito comum na época, parecendo indicar a ausência de uma concepção de identidade nacional. Todavia, o que prevalece para o jornal é a idéia moral, que sublinha a perspectiva nacional de pátria, concebendo-a como a entidade — que só pode ser a nação — que deve garantir os direitos comuns dos cidadãos.

Toda essa preocupação com os tipos de governo não se restringia apenas a uma reflexão conceitual. É bom lembrar que, concretamente, a causa primeira de Ezequiel, provavelmente o principal fator que o levou a redigir o jornal, vinha a ser o combate ao governo de Pedro I. O que se pretendia, assim, naquele momento, era estabelecer uma identificação entre esse governo e absolutismo. O que raramente se podia fazer de maneira direta, dada a impossibilidade de atacar abertamente a pessoa do imperador, tida pela Constituição de 1824 como inviolável e sagrada, logo, isenta de qualquer responsabilidade política e administrativa. O desrespeito a esse preceito levava invariavelmente à prisão dos infratores. Recorria-se então à estratégia de atribuir o despotismo reinante aos ministros, aos conselheiros e ao chamado gabinete secreto (a camarilha de origem portuguesa, tida como eminência parda do governo, chefiada por Francisco Gomes da Silva, o polêmico Chalaça), ou também faziam-se claras alusões e insinuações às práticas autoritárias do governo imperial (em sentido genérico, sem acusar diretamente o imperador). Já no editorial que abria seu primeiro número, a *Nova Luz Brasileira* referia-se abertamente a uma série dessas medidas: a dissolução arbitrária da Assembléia Constituinte, a violenta repressão contra os rebeldes da Confederação do Equador, as restrições à liberdade de imprensa, os processos contra jornalistas de oposição, a política financeira perdulária, a excessiva carga tributária, a concentração de rendas entre as classes privilegiadas, a miséria e exploração do povo, a contratação de tropas estrangeiras e o recente atentado pela segunda vez sofrido por Luís Augusto May, redator de A *Malagueta* (a propósito das críticas por ele feitas aos procedimentos para o segundo casamento do imperador, com dona Amélia de Leuchtenberg); tudo isso seria obra de um "*governo de assassinos*", de um "*infame **governo absoluto***", que "*faz* *tudo nadar em sangue inocente*", "***promovendo a felicidade somente das classes chamadas nobres,*** *que absorvem a substância dos povos*".[12]

Era esta, portanto, a tônica dos incessantes ataques feitos ao imperador nos anos finais do Primeiro Reinado. Mas, assim como os demais periódicos exaltados, a *Nova Luz Brasileira* ia além, não hesitando em pregar aberta e sistematicamente a necessidade de uma revolução, como única forma de pôr fim ao despotismo de Pedro I. Já as duas epígrafes evidenciavam essa disposição, que, todavia, encontrava melhor expressão nas matérias publicadas. Nas circunstâncias políticas da época, a revolução seria um procedimento não só justo e legal, mas também um direito e até um dever de todo cidadão, na medida em que, dentre as causas gerais dos levantamentos populares, estariam sempre, na visão do jornal, a tirania do governo, o desrespeito deste à Constituição e aos direitos de cidadania, e a desconsideração dos problemas sociais que afetavam particularmente as camadas populares. Era, portanto, um recurso extremo, de efeito regenerador, a que se deveria recorrer somente em situações-limite, como parecia ser então o caso do Império brasileiro. *Insurreição*, conforme o "verbete" homônimo, era, assim, "*o justo levantamento do Povo contra os que atacam o contrato Social e usurpam os direitos do mesmo Povo, ou da Nação*", significando o mesmo que "*justa revolução para destruir a tirania de um país, reformar ou mudar o governo, se é vicioso e perverso*". E se neste caso a ação revestia-se de um sentido positivo, o mesmo verificava-se com os agentes que a promoviam, como advertia sintomaticamente o jornal, ao notar que "*os sequazes do governo despótico usam da palavra* **revolucionário** *como de uma injúria dirigida aos liberais; quando aliás, ela é honrosa: revolução não é motim, nem sedição*"; neste sentido, portanto, o revolucionário é aquele que "*peleja a bem da ordem e do bem comum da sua Pátria, e por isso é um Cidadão virtuoso*".[13]

O que teoricamente fundamentava e justificava a revolução preconizada pela *Nova Luz Brasileira* era o "direito de resistência dos povos à tirania e à opressão", pois "*ninguém duvida que os povos devem resistir à opressão manifesta, à iniqüidade e tirania*". Ezequiel deixava claro nessa matéria sua filiação a Locke, sem dúvida uma das principais matrizes intelectuais de seu projeto político; devia ter o *Segundo tratado sobre o governo civil* como um de seus livros de cabeceira, pois citava largamente as idéias aí postuladas pelo filósofo inglês sobre o direito de resistência, para daí concluir que "*é necessário espada na mão, e guerra de toda casta contra tal governo absoluto infernal. Ai dos povos descuidados e covardes que deixarem pôr em pé o danado governo absoluto sem lhe fazerem crua guerra*".[14] O que Ezequiel procurava mostrar era a correspondência entre esse princípio e a situação brasileira, e em geral o fazia tal como em relação às críticas a dom Pedro: recordando as práticas autoritárias do governo para enquadrá-las como atos de tirania e opressão, passíveis, portanto, do direito de resistência. Sobretudo ao dissolver a Constituinte, outorgar uma Constituição elaborada por um Conselho de Estado, concentrar amplos poderes em suas mãos e cercear a oposição, dom Pedro havia incorrido, no entender de Ezequiel, na quebra unilateral do contrato social, o que, à luz de Locke, justificaria plenamente o recurso ao direito de resistência.

Não resta dúvida de que as incessantes críticas feitas ao imperador, não só pela *Nova Luz Brasileira*, mas também, com maior ou menor intensidade, pelas demais folhas exaltadas e moderadas, ao lado da pregação revolucionária levada a cabo apenas pelas primeiras, contribuíram para acirrar os ânimos e assim deslegitimar, desestabilizar e, enfim, precipitar a queda de Pedro I, em um movimento — celebrado como a Revolução do 7 de Abril — que, neste dia e na véspera, reuniu cerca de quatro mil pessoas no campo de Santana. Em meio à multidão agitada, lá estava Ezequiel, que, como mais tarde teremos oportunidade de ver, passou (e não só desta vez) do discurso para a prática revolucionária.

Mas, embora calorosamente festejada a princípio, a Abdicação não veio a alterar a postura subseqüente dos exaltados. Isto porque, após a euforia inicial, o grupo de Ezequiel, sentindo-se traído na recomposição do poder por seus antigos aliados moderados, passando a ser por estes perseguido e percebendo que as principais reformas políticas e sociais que pleiteava não seriam assim implementadas, passou a ver na Regência moderada uma continuidade do famigerado governo absoluto. Desiludido, entendia que haveria agora até um recrudescimento do despotismo, a cargo dos regentes. Nestas condições, o direito à resistência era mais uma vez reclamado para justificar os reiterados clamores insurgentes. A *Nova Luz Brasileira* alertava então que "*quem imitar o Pedro de Bourbon há de cair com ele, e mais depressa do que ele, e com menos felicidade do que ele*"; e aproveitava para conclamar os brasileiros à união, a fim de banir os novos tiranos: "*Os bravos que uma vez arrostaram com a morte para expulsar do trono um tirano cercado dos prestígios da realeza, (...) hão de sempre reunir-se para acabar com quantos tiranos projetem escravizar o Brasil (...). Se a máxima dos tiranos é dividir para reinar, seja a máxima dos Brasileiros unir para resistir*".[15]

A revolução pretendida por Ezequiel na *Nova Luz Brasileira* tinha um caráter notadamente popular. Nela tomariam parte brancos, pretos, pardos, índios e mulheres. Conforme previa, "*Pardos e Pretos honrados acudirão pela Pátria, quando ela estiver às mãos com os absolutistas; e nestes casos esses* **Coronéis traidores** *são suplantados por Paisanos, Pretos, Pardos e Índios, como Henrique Dias, Vidal de Negreiros, Camarão e outros*".[16] Já observa-se aí difundida a imagem da união e integração das três raças — simbolizada nos líderes da insurreição pernambucana de 1645-54 —, esboçada antes por José Bonifácio, mais tarde retomada por von Martius e consagrada na historiografia por Varnhagen. As mulheres, particularmente, eram instigadas a participar da esperada revolução e poderiam fazê-lo de duas formas: atuando no próprio âmbito familiar, sendo "*as primeiras a combater o infame governo absoluto, excitando maridos, pais e irmãos*"; e participando diretamente da ação. Neste caso, também eram narrados vários feitos heróicos do chamado belo sexo em lutas supostamente ocorridas desde os tempos da Antigüidade, inclusive nas guerras de independência das colônias hispano-americanas e no Brasil, incentivando as brasileiras a seguirem, sobretudo, os exemplos estilizados de revolucionárias francesas: "*estas e outras ações deverão as nossas patrícias praticar, contra todos os servis que tenham a audácia de proclamar pelas nossas ruas o infame governo absoluto, ofendendo a Constituição, a qual deve ser sustentada também pelo Belo Sexo*".[17]

Como será discutido no capítulo seguinte, por trás desses clamores encontra-se uma concepção bastante avançada quanto à participação política da mulher, ao seu papel na sociedade e ao próprio estatuto da cidadania. Algumas mulheres, contagiadas por esses apelos, chegaram a escrever cartas entusiásticas para o jornal (sempre acolhidas com comentários elogiosos), defendendo seu direito de tomar parte nos negócios políticos e na luta contra o despotismo; como esta, de uma *Brasileira amante da Liberdade*, que exclamava: "*que mais ufania pode ter uma mulher que defender as liberdades de sua cara Pátria, até dar por ela a última gota de sangue*", garantindo em seguida que se "*a Nação exigisse os meus sacrifícios, então eu cheia de entusiasmo e amor da Pátria nada temeria e com suavidade encararia a morte, e estou certa que todas as minhas patrícias seriam minhas companheiras porque já conhecemos o que é Constituição e despotismo; este arranca os nossos direitos, usurpa nossas garantias e nos sepulta debaixo das ruínas da escravidão; e aquela nos felicita e nos dá a liberdade*".[18]

Neste ponto, as idéias defendidas por Ezequiel na *Nova Luz Brasileira* afastavam-se das concepções de Locke, para quem o povo que teria direito à resistência restringia-se apenas aos portadores de direitos políticos, ou seja, os cidadãos proprietários, do sexo masculino, dotados de algum nível de instrução; quando muito, a plebe, a ralé, ficaria a reboque da iniciativa dos setores proprietários. Ezequiel tinha uma concepção bem diferente, não só da categoria povo e dos direitos de cidadania, como será discutido no próximo capítulo, mas também da questão da soberania. Locke postulava a soberania da nação, que era a expressão da vontade da maioria, residindo, portanto, no Parlamento, já que o povo delegaria, através das eleições (censitárias), a soberania que por princípio detém aos seus representantes, os quais seriam, na prática, os encarregados de exercitá-la. Não era assim que Ezequiel via as coisas. Seguindo Rousseau, defendia a concepção democrática da soberania do povo, entendendo, como o autor de *O contrato social*, que, sendo a expressão da vontade geral, a soberania residia no próprio conjunto do povo (concebido como a totalidade dos membros adultos da sociedade), e era, assim, inalienável e indivisível; o que significava dizer que o povo não se limitava a exercê-la apenas no momento das eleições (universais), nem abria mão de sua soberania ao escolher seus representantes (que passavam a ter somente um mandato formal da soberania), podendo, então, manifestá-la livre e diretamente quando esta fosse sua vontade (e não apenas, como em Locke, ao fim de cada legislatura ou, excepcionalmente, quando a lei da natureza e as regras do pacto social fossem rompidas). É precisamente esta noção de soberania do povo que se encontra explicitada em um dos conceitos centrais do *dicionário* da *Nova Luz Brasileira*, o de poder soberano, potência soberana ou soberania:

> *(...) significa o* **poder** *que se acha unido e é inseparável do Povo, que compõe a massa da nação; o qual* **Poder** *é uma entidade moral composta dos entendimentos, vontades e forças particulares, e por conseqüência produzida pelos poderes de todos os Cidadãos; e esta entidade é que exprime a vida política da mesma Nação: por isso este* **Poder Soberano** *não se pode dividir, nem repartir, nem emprestar, nem dar, nem alienar por qualquer via, modo ou maneira que seja.* **A Soberania***, ou* **Poder Soberano, significa Poder que está acima de tudo; poder sem igual***. Este poder nasce da essência ou substância inteira da Sociedade; (...) por isso a* **Soberania** *pertence unicamente à nação inteira, isto é, ao povo: nenhum indivíduo, nenhuma família pode ter o* **Poder Soberano** *como coisa sua própria. A palavra* **Soberano** *não se pode confundir com a palavra* **Monarca***.*[19]

A idéia de que a soberania reside não no governante ou mesmo no Parlamento, mas na totalidade do povo constitui um dos elementos-chave do pensamento político exaltado, afigurando-se como um dos principais pontos de diferenciação em relação ao liberalismo moderado, atrelado à concepção lockeana da soberania da nação. Deste entendimento do povo soberano é que derivava a idéia de revolução popular da *Nova Luz Brasileira*, no sentido da participação das mais diversas camadas sociais (exceção feita aos escravos, uma vez que a escravidão, como será visto depois, constituía um dos limites não só das demais vertentes do liberalismo brasileiro, mas também do próprio projeto exaltado). Ao se revestirem do significado de rompimento do pacto social, as arbitrariedades que Ezequiel imputava a dom Pedro e à Regência configuravam-se como um atentado à soberania do povo, ao qual caberia, então, fazer uso desta sua soberania para, mediante um movimento revolucionário, firmar com outra parte um contrato definido sob novas bases.

A revolução era vista, assim, como uma guerra de libertação, visando à instauração de um legítimo governo liberal que seguisse uma Constituição, garantisse os direitos dos cidadãos e promovesse o progresso da nação. Para a *Nova Luz Brasileira*, esse governo só poderia ser republicano em sua forma. Ao contrário dos moderados e caramurus — todos monarquistas ferrenhos —, a grande maioria dos periódicos exaltados da corte era defensora do regime republicano, embora alguns não o fossem ou não o admitissem abertamente. Este último caso era principalmente observado ainda no Primeiro Reinado, quando propor ou mesmo sugerir a adoção de qualquer tipo de governo que não fosse o monárquico implicava ficar sujeito à repressão governamental, por meio de prisões e processos judiciais sob alegação de abuso da liberdade de imprensa e de atentado contra a forma de governo estabelecida pela Constituição. Por isso, naquele tempo (e também depois), muitas vezes as demonstrações de simpatia ao regime republicano se faziam de forma hesitante e propositadamente ambígua, procurando assim escapar de prováveis represálias. Um dos recursos empregados era jogar com a dupla acepção da palavra república, utilizando-a ora no sentido clássico do direito romano — como coisa pública (*res publica*), como organização política de um Estado, sob qualquer forma de governo, pautado pelo interesse público, pelo bem comum —, ora no sentido estrito de um regime específico de governo — no qual o mandatário é eleito por tempo determinado. Daí a referência usual à república como uma *monarquia eletiva e temporária*. Outro recurso era simplesmente criticar o governo monárquico apontando os problemas intrínsecos a ele; nesse caso, se a república associava-se à democracia, à América e ao progresso, a monarquia era identificada ao absolutismo, à Europa e ao arcaico.

A *Nova Luz Brasileira* também utilizou-se, a princípio, desses subterfúgios para expressar seu republicanismo. E o artifício mais sutil que encontrou para isso foi defender inicialmente a implantação de um tipo de governo a que denominou Monarquia Americana *Sui Generis*. Tratava-se de uma espécie de monarquia democrática, que, além de constitucional, representativa e federalista, fosse também não-hereditária e eletiva, sendo o monarca eleito, a princípio, com mandato vitalício, mas plenamente passível de destituição caso atentasse contra a Constituição, os poderes instituídos e os direitos dos cidadãos. Este princípio eletivo e a ausência de privilégios é que distinguiriam as monarquias democráticas das aristocráticas. Citando o *Cours de droit publique* do filósofo político português Silvestre Pinheiro Ferreira (editado em 1830, onde o ex-ministro e conselheiro de dom João VI postulava de fato uma monarquia democrática eletiva e sem privilégios, depois retomada em 1834 no *Manual do cidadão*), o jornal procurava dissipar os temores em relação à conveniência e à viabilidade de tal regime no Brasil e refutar as acusações das folhas moderadas de que seria este um arremedo de governo republicano; mas o fazia sempre de maneira dúbia e evasiva, utilizando o recurso retórico da ironia para negar, ao mesmo tempo em que criticava a monarquia e tecia elogios à república:

> *Não haja receio das eleições da monarquia eletiva, diz o egrégio publicista Pinheiro, naqueles países francamente constitucionais; isto é, nos países onde não há nenhum privilégio, onde não há nenhuma aristocracia (...). Cuidavam os publicistas que havia incompatibilidade entre a democracia e a monarquia, esquecidos de que o monarca é ou deve ser um presidente vitalício; de que a palavra democrático não denota senão a ausência de todo privilégio, sem o que não há governo representativo constitucional, entretanto que a palavra aristocracia quer dizer que existem castas e privilégios, coisas incompatíveis, heterogêneas a todo governo justo, a todo sistema constitucional (...).*
>
> *Com isto não pensem nossos leitores que a* Nova Luz *aconselha que nos constituamos republicanamente, que nos desfaçamos da realeza como de uma magistratura muito cara e onerosa, muito aristocrática, danosa à indústria, ao comércio, à lavoura, às ciências, à Moral, à Justiça, à Liberdade, à ventura, ao bem-estar e tranqüilidade, e à paz do Gênero Humano.* A Nova Luz *quer ou deseja que o Povo Brasileiro saiba que tem direito de se constituir republicanamente à moda dos Estados Unidos da América, e não à moda de Atenas ou de Veneza e Roma; mas que o não faça senão quando for isso*

> *aconselhado pela prudência, pelo amor à Liberdade e pelo recíproco socorro que umas Províncias devem dar às outras contra o jesuitismo, e aristocracia hipócrita, ou audaz, que neste* ***império*** *se acha de mãos dadas aos gabinetes Europeus e ligada aos indignos membros do ex-gabinete secreto.* A Nova Luz *quer que o Povo Brasileiro fique certo, uma vez para sempre, de que não se deve confiar em mandatário cujo poder não é revogável e temporário.*[20]

Apesar das evasivas, a ousadia acabou custando a Ezequiel um processo, movido em agosto de 1831 pelo promotor Ovídio Saraiva de Carvalho, sob a alegação de abuso da liberdade de imprensa, por comprometer a segurança pública, ao fazer apologia do regime republicano. Embora o trecho acusado, extraído do número 154, de 20-7-1831, declarasse que a soberania nacional poderia manifestar-se "*mui legal e pacificamente pela federação do Equador sem guerra intestina*", Ezequiel negou em sua defesa que propusesse aí a instauração da república; mas também, em mais um jogo retórico, declarou que, mesmo que isso fosse verdade, "*não tinha crime algum*", que a república democrática "*em nossa opinião é coisa boa, e muito boa*", que "*a Soberania Nacional pode, se assim o entender, proclamar tranqüilamente a República democrática e federal, ou a federação do Equador*", e que "*sabe todo o mundo que quando se reforma um contrato é livre às partes ampliarem ou restringirem as condições dele*".[21] Era evidente o posicionamento de Ezequiel em favor da república, mas, ainda assim, foi absolvido por unanimidade pelo júri, em 1º de setembro. É que, ao contrário dos juízes profissionais em outros casos, os jurados tendiam então a absolver os jornalistas processados por crimes de imprensa (os únicos até então levados a júri); tanto que, na mesma época, também absolveram Borges da Fonseca e Miguel de Frias e Vasconcellos, que respectivamente redigiam O *Repúblico* e A *Voz da Liberdade*. O boticário exaltado, todavia, foi mais além e, recorrendo novamente à doutrina da soberania do povo, aproveitou o momento crítico da menoridade e a instabilidade da Regência para questionar o princípio da hereditariedade e a legitimidade da aclamação automática de Pedro II como imperador pelo Parlamento.

> *(...) não é legítimo rei constitucional senão aquele presidente vitalício que como tal foi reconhecido e aclamado livre, e não iludidamente, pelo Povo Soberano, e nunca por outros mandatários não autorizados por um ato de tanta importância. Agora perguntaremos nós: Está neste caso o sr. dom Pedro II?* A Nova Luz *até hoje sabe unicamente que o Soberano Povo Brasileiro só aprovou o ato de Abdicação (...). Não há sobre a terra nenhum homem, que por nascimento tenha direito senão para ser Cidadão livre, seja ele quem for; tenha a força, o dinheiro, a proteção e os parentes que tiver, é sempre igualmente certo que o nascimento não dá direito nem para ser Empregado Público e muito menos para ser um mandatário.*[22]

A esta altura, com o acirramento das lutas políticas, após a revolta de julho de 1831 (da qual Ezequiel também participou ativamente, como será visto no terceiro capítulo), a *Nova Luz Brasileira* já defendia abertamente a adoção do regime republicano no Brasil, segundo o modelo dos Estados Unidos, assumindo, então, que a república democrática era perfeitamente "*compatível com o nosso estado atual de coisas*".[23] E, em resposta a um missivista anônimo, que pedia esclarecimentos sobre as vantagens desse regime, assim explicou as razões centrais que justificavam sua posição em favor do mesmo:

> *É para não se aturar governos de ladrões que se inventou governo Republicano. Na República, o que governa bem não ganha 10 ou 12 mil cruzados por dia, como ganhava o Pedro traidor, fora o que ele roubava, e a corja que o cercava: é esta a primeira diferença. Além disto, o que governa em governo Republicano é eleito como os deputados: se governa bem, fica governando; mas se governa mal vai tratar de outro ofício: acontece como com os sapateiros remendões, aos quais ninguém dá obra quando ele estraga a fazenda que se lhe deu. Nas Repúblicas bem dirigidas, castiga-se a quem governa mal; porém nas monarquias como a de Pedro traidor, quanto mais sem-vergonha, ladrão e malvado é o rei, mais Auroras, Faróis, Januários, e Independentes*[24] *aparecem para sustentarem*

> *o tirano, à sombra do qual os patifes fazem das suas. Só nas Repúblicas como a dos Estados Unidos é que se vê Justiça. Canais de navegação, escolas, hospitais etc. em abundância para todos: é governo de que não gostam mal-intencionados* ***cangueiros*** *e comendadores.*[25]

Para enfatizar ainda mais as virtudes do governo republicano, Ezequiel chegou até a recorrer a uma inaudita citação bíblica, na qual o profeta Samuel advertia o povo hebreu, que pedira um rei para governá-lo, sobre os males inexoráveis da monarquia; entremeavam a passagem comparações explícitas com o Império brasileiro, e em seguida eram feitos rasgados elogios aos progressos obtidos pelo "*monarca republicano*" dos Estados Unidos da América, para por fim conclamar aos brasileiros "*não vendidos à Europa*": "*Unamo-nos fraternalmente com o Povo Americano e abracemos do seu Governo aquilo que é compatível com o nosso estado atual de coisas*".[26]

Além do regime republicano, o que Ezequiel também imaginava compatível do governo norte-americano com a situação brasileira era o sistema federativo, oposto à centralização política e administrativa do Estado imperial, estabelecida pela Constituição de 1824. Nisto concordavam todos os periódicos exaltados. Mas foi a *Nova Luz Brasileira*, ao lado do célebre *O Repúblico*, um dos primeiros jornais da corte a levantar a bandeira federalista, em 1830, ainda no Primeiro Reinado. Ao contrário, todavia, do jornal de Borges da Fonseca — mais favorável, naquele momento (depois viria a concordar com Ezequiel), a uma descentralização administrativa, em que os conselhos de província passariam a ter maiores atribuições, mas as principais autoridades provinciais, incluindo os presidentes, continuariam a ser nomeadas pelo governo central —, a *Nova Luz Brasileira* caminhava em uma linha mais propriamente federalista. Defendia o que era chamado de federação democrática, conforme o modelo norte-americano, em que, além da criação de assembléias legislativas provinciais, com amplos poderes deliberativos, as principais autoridades políticas das províncias, incluindo os presidentes, não mais seriam escolhidas pelo poder central, e sim eleitas nas próprias províncias. Em sua concepção, uma descentralização administrativa promoveria apenas uma "*federação de peta, ficando expostos a fazer revolução para termos uma verdadeira federação*".[27] Diante da crescente agitação nas províncias nordestinas, reivindicando maior autonomia, a pronta adoção do sistema federalista era vista como única forma de evitar a fragmentação do país, de modo que "*deve ser mui curta a duração deste Império e sua forma de governo, se agora, enquanto é tempo, se não admitir boa-fé no Governo e Federação*". Mas o jornal apresentava também outros argumentos para a introdução do federalismo:

> *(...) primeiro porque sabendo melhor das necessidades domésticas quem as sofre, põem perto e pronto remédio; segundo porque serve de garantia à Liberdade, dificultando aos tiranos e déspotas o êxito de seus danados fins, roubos e traições; e o sr. dom Pedro não é eterno; terceiro porque favorece a distribuição mais igual das luzes e riquezas, e assim aperfeiçoa os costumes, a moral e mesmo a administração e Governantes, que são contidos pelo brio e patriotismo local.*[28]

As reflexões de Ezequiel a este respeito inspiravam-se sobretudo em Montesquieu, a quem citava amplamente como argumento de autoridade. Aproveitava particularmente a idéia, firmada em *O espírito das leis* (outro de seus livros de cabeceira), de que o sistema federalista seria o melhor meio de conter usurpações provenientes de invasões externas, de evitar guerras intestinas e de impedir que um déspota surgido em uma determinada localidade se impusesse a todo o país. Mas esquece de dizer que a federação, para Montesquieu, seria um sistema ideal apenas para as repúblicas, que por sua vez deveriam constituir o regime de governo típico dos países de pequena extensão, condições, portanto, que não se aplicavam ao Império do Brasil. Talvez esta fosse outra maneira encontrada por Ezequiel de insinuar suas aspirações republicanas, naqueles anos de chumbo do Primeiro Reinado; até porque, na época, federação e república eram idéias não por acaso associadas:

> *Uma federação, diz Montesquieu, deve ser composta de Estados regidos pelos mesmos princípios e possuindo as mesmas forças com pouca diferença, quando se queira evitar a fraqueza do Corpo germânico, e as rivalidades, que não são boas, entre Berne e Friburg (sic), mas que nascem de haver aí uma federação entre Estados democráticos e aristocráticos etc. Ora, tais inconvenientes não existem no Brasil,* ***logo a federação é nele ótima e deve ser tranqüila e duradoura****. Se o espírito da monarquia, como bem diz Montesquieu, é a guerra, o engrandecimento e o despotismo, deve o Brasil lhe opor o espírito da Liberdade e federação, que é a paz e a Justiça, sem os rigores da barbaridade e da prepotência. A federação serve de garantia à Liberdade e paz interna.*[29]

A campanha federalista era parte da luta empreendida pelos *exaltados* para eliminar os elementos autoritários e conservadores fixados na Constituição imperial. Entre estes estavam, além da centralização, o Poder Moderador, o Conselho de Estado e o Senado de mandato vitalício. Na *Nova Luz Brasileira*, Ezequiel defendia a extinção das três instituições. Para ele, o Poder Moderador — que o artigo 98 da Constituição imperial classificava como "a chave de toda a organização política", e que frei Caneca, parafraseando em sentido contrário, dizia ser "a chave mestra da opressão da nação brasileira"[30] — era mesmo a "***chave*** *política do inútil*", uma "*miserável invenção*", um "***monstro*** *em política*", "*desconhecido no mundo civilizado*".[31] Logo, deveria ser suprimido prontamente, tal como o Senado vitalício, baluarte das forças reacionárias ligadas a Pedro I, e o "*inútil Conselho de Estado*", pois, "*em um País bem governado, outro Conselho de Estado não deve haver senão o que for composto do imperante e seus ministros*".[32] Tais medidas eram também vistas como parte essencial das reformas republicanas, que, juntamente com a federação, deveriam promover a democratização do Estado imperial, encaminhando-o para a implantação do novo regime de governo.

Ainda dentro das medidas propostas para eliminar os resíduos "absolutistas" do Estado brasileiro estava a reforma do aparelho repressivo, que tinha o Exército, a Polícia e o sistema judiciário como suas principais peças. O objetivo geral, no contexto das lutas liberais contra a concentração de poderes nas mãos do imperador (ou da Regência) e seus ministros, era reduzir o controle do governo sobre os instrumentos de coerção, sem descuidar, no entanto, da segurança pública. As sucessivas práticas repressivas contra os grupos de oposição, adotadas desde o início do Primeiro Reinado, haviam mostrado, inclusive aos liberais moderados, a importância da matéria, e Ezequiel por mais de uma vez tivera oportunidade de experimentar a força desses arbítrios.

Uma das medidas propostas neste sentido, defendida por ambas as facções, era a criação da Guarda Nacional. Formulada em 1830 e aprovada a 18 de agosto seguinte, com base na experiência das guardas cívicas de 1822 e na instituição similar francesa (também fundada em 1831), a proposta de criação da Guarda Nacional fundamentava-se no princípio liberal de confiar a segurança pública da nação aos seus cidadãos proprietários. A chamada milícia cidadã tinha a função precípua de coadjuvar as forças policiais e tropas de primeira linha na segurança interna e externa; mas, em face do limitado contingente dessas corporações, acabaria muitas vezes por substituí-las em suas funções. O alistamento era obrigatório a todo cidadão brasileiro maior de 18 anos, com renda mínima anual para ser eleitor (200 mil-réis) — nas cidades do Rio de Janeiro, Salvador, Recife e São Luís — ou para ser votante (100 mil-réis) — nos demais municípios; isentavam-se apenas autoridades administrativas, judiciárias, policiais, militares e religiosas. O serviço não era remunerado, e os milicianos ainda deviam custear seus uniformes e a manutenção de seus equipamentos e armas. A princípio, os oficiais eram eleitos pela própria tropa por quatro anos, sem qualquer critério distintivo, findos os quais, se não reeleitos, voltavam às fileiras. A Guarda Nacional tornou-se, assim, um importante instrumento de articulação entre os poderes central e local, mas acabou não correspondendo às expectativas dos exaltados.

Desde o início, a idéia de criação da Guarda Nacional encontrou apoio nas páginas da *Nova Luz Brasileira*. Em meio à crise de março de 1831 — por conta da viagem de Pedro I a Minas Gerais, para debelar os focos locais de oposição, e dos distúrbios subseqüentes na corte, as célebres Noites das Garrafadas —, o jornal chegou a conclamar a população para organizar-se em milícias cívicas, pois somente assim, "*bem preparados para a Guerra*", é que se forçaria o governo a conceder "*a liberdade que nos tem negado até hoje*" e igualmente "*as indispensáveis reformas que no ilusório Pacto Fundamental do Império há muito reclamam a Razão e a Justiça*". Não deixava, porém, de lembrar que era tarefa do governo instituir logo a Guarda Nacional, inclusive com o dispositivo democrático da escolha dos oficiais pelos soldados.[33] O objetivo era evitar ao máximo a interferência do governo na nova corporação.

Mas não foi bem assim que as coisas acabaram funcionando na prática. Como era de se esperar, naqueles tempos para lá de conturbados do início do período regencial, rapidamente a Guarda Nacional converteu-se em força política, sendo empregada na repressão a diversos distúrbios em todo o país, mas também, em alguns casos, fazendo as vezes de rebeldes. Inclusive, o que mais motivou a aprovação da lei de 18 de agosto, logo após a revolta de julho do *povo e tropa*, foi justamente a intenção dos novos detentores do poder, os moderados, de empregar a corporação no combate aos movimentos similares que eclodiam em todo o país, e na repressão aos próprios exaltados. Assim, uma das raras medidas por estes pleiteadas que veio a ser de fato implementada (graças à causa comum feita neste caso com os moderados) acabou transformando-se em arma política contra eles.

Seja como for, a proposta de criação da Guarda Nacional resultava também, em larga medida, das desconfianças e antipatias então existentes em relação ao Exército e à Polícia, vistos, não por acaso, como instrumentos do despotismo imperial. Se a Guarda Nacional supriria o corte previsto dos efetivos militares, e viria muitas vezes a substituí-los em suas funções, ainda assim parecia necessário aos exaltados reformar tais instituições. Sobre a primeira, pesava principalmente a incômoda presença de portugueses e de estrangeiros em geral nos postos de comando e em suas fileiras. Para que se tenha uma idéia das dimensões dessa presença, basta dizer que, dos 44 generais que serviram no Exército imperial em 1830 e 1831, 26 eram portugueses, um era inglês e outro francês, restando apenas 16 brasileiros.[34] Chegaram mesmo a existir, durante o Primeiro Reinado, unidades militares inteiramente formadas por mercenários alemães e irlandeses. O violento motim promovido na corte por essas tropas em junho de 1828, deixando em pânico a população da cidade, agravou ainda mais o problema.

A exemplo de Ezequiel, os exaltados até que mantinham estreitas ligações com alguns setores do Exército, como veremos no terceiro capítulo, mas estas restringiam-se essencialmente aos militares brasileiros, sobretudo aos jovens oficiais e soldados. E eram estes segmentos, em especial, que a *Nova Luz Brasileira* buscava contemplar nas reivindicações que fazia para a reforma da instituição. Além de defender a nacionalização do Exército, mediante o veto ao ingresso e à permanência de militares não-brasileiros (o que evidentemente abriria perspectivas de carreira bastante promissoras para aqueles oficiais), Ezequiel mostrava-se especialmente sensibilizado com dois graves problemas que afetavam particularmente os soldados e que, em sua opinião, deveriam ser de uma vez por todas abolidos nas forças armadas. O primeiro eram os castigos físicos humilhantes a que estavam sujeitos os soldados, "*tratados como negros cativos, ou punidos segundo as Leis bárbaras*". Ezequiel argumentava em seu jornal que, "*se os nossos soldados fossem tratados com mais civilidade pelos seus superiores, teríamos dentro de pouco um Exército de Cidadãos, mui tranqüilo, e patriota*".[35] O segundo problema referia-se a outra prática habitual no Exército, o recrutamento forçado, atentatório a "*todos os Direitos os mais sagrados do Mundo. Começa-se por violar o asilo do Cidadão, e acabam violando sua propriedade, e sua pessoa, e brio: forçado a ganhar 80 réis, quando ganhava mil por sua indústria (...) forçado repentinamente por um serviço árduo e insalubre, e a castigos corporais cruéis e injustos, exercem as autoridades sobre a saúde, brios e vida do recruta um direito, que não tem a Sociedade*". Ezequiel já evidenciava aí um dos traços mais característicos que imprimira à *Nova Luz Brasileira*, a preocupação com os direitos e a qualidade de vida do homem pobre, paralelamente a uma postura crítica em relação à gente afortunada que vivia do ócio e da opressão, o que o levava a indicar quem realmente deveria ser forçado ao recrutamento militar e arriscar a sorte nas guerras:

> *O rico que não quer perder seus bens, e poderio, que goza na Sociedade é justamente quem deve ir morrer na guerra; e não o pobre que tanto lhe faz trabalhar para Pedro, ou Paulo, e tanto lhe importa que governe Joaquim, ou Januário. O pobre o que deseja é bom governo, justiça, saúde, trabalho e sossego, que é justamente o que mais lhe pode dar um governo federal. É pois conveniente que o rico só, e seus filhos, é que podem ser recrutados para sustentar guerras de capricho, que eles decretam, e declaram, sem que nisso o pobre seja ouvido, porque até se lhe nega o direito de eleger, ou ser elegido.*[36]

A Polícia, por sua vez, tinha uma imagem ainda pior, sendo vista, bem ao estilo do Antigo Regime, como órgão de espionagem e principal instrumento de repressão do governo à liberdade dos povos. A *Nova Luz Brasileira*, neste sentido, salientava que a Polícia era "*filha predileta da tirania*", servindo apenas para "*reduzir qualquer Povo à escravidão política*" e sustentar o "*governo despótico debaixo das formas jurídicas*".[37] Além dessa função política da Polícia, o jornal denunciava também uma série de irregularidades observadas nas práticas propriamente policiais, que, guardadas as devidas proporções, fazem muito lembrar as críticas que ainda hoje mancham a imagem da instituição. Verifica-se, assim, que já então se falava em corrupção policial, e uma das maneiras em que isto se dava era "*concedendo ou vendendo licenças para se abrirem casas de jogos ou de perdição*", fazendo da Polícia uma organização imoral que "*promove mui de propósito a corrupção dos povos*".[38] Nas páginas do jornal também já aparecem críticas à truculência policial e à prática de tortura contra indivíduos suspeitos e presos por uma polícia que "*negocia em* ***calabouços****, onde se dão surras publicamente em ambos os sexos, com escândalo e torpezas*", e que, em todo o Império, tem atentado contra os publicistas liberais e "*derramado o sangue dos Patriotas, atacado o Júri calcando a Lei aos pés, arranjado denúncias e devassas falsas, e maquinado as mais negras traições e crimes*".[39]

Diante de tantos arbítrios, e da suposta negligência (ou conivência, como acusava o jornal) do governo para com eles,

Ezequiel só via uma única saída: extinguir as polícias civil e militar da corte, isto é, respectivamente, a Intendência Geral da Polícia (o que de fato veio a ocorrer em 1832) e o Corpo da Guarda Militar da Polícia (suprimido em julho de 1831). De acordo com essa proposta, as atribuições policiais ficariam então a cargo dos juízes de paz (o que em boa parte também se deu, a partir da promulgação do Código do Processo Criminal, em 1832). Contudo, assim como ocorrera no caso da Guarda Nacional, tais mudanças não surtiram o efeito desejado pelos exaltados, visto que a nova corporação criada em 1832 pela Regência para substituir a Guarda Militar da Polícia — a Guarda Municipal Permanente — tornou-se ainda mais detestada por eles, em virtude do papel que veio a desempenhar na repressão às revoltas do período e aos próprios exaltados.

Quanto ao sistema judiciário, a reforma preconizada desde o Primeiro Reinado — e, neste caso, não só pelos exaltados, mas igualmente pelos moderados — tinha também o claro sentido de atacar a velha magistratura profissional (predominantemente portuguesa, nomeada e controlada pelo poder central) e eliminar a interferência do imperador no Judiciário. Expressão dos ideais liberais de autonomia judiciária, localismo e participação popular, tal reforma tinha como item principal a implantação efetiva do sistema de júri. Ezequiel o via como o "*Tribunal do Povo*", a "*primeira garantia da liberdade*", e assim defendia entusiasticamente sua implantação nas páginas da *Nova Luz Brasileira*:

> *Esta santa instituição dos Jurados enfraquece a influência e peso dos magistrados e Tribunais sobre a Sociedade Civil, e diminui o poder ministerial: os Jurados bem constituídos, como justiça do Povo, cortam o fio da união e dependência dos ministros de Estado com os Tribunais reciprocamente, e derrubam as baterias de má-fé e corrupção, subornos, intrigas e manobras do Poder, quando é astucioso e opressor. Só o Júri pode fazer a justiça igual para todos (...) os magistrados fixos, ou Tribunais do costume, além de serem sequazes do* **Poder** *que os cria e conserva, são dominados por interesses e paixões, e estão de mais possuídos do espírito de corporação, que faz sustentar*

> *caprichos e avivar a ambição; os Jurados pelo contrário estão muito mais longe do jogo das paixões, das influências, suborno ou insinuações do Poder: eles são um meio quase infalível de obstar os efeitos do despotismo e tirania (...) pelo Júri se habitua o Povo a ter amor à justiça e a tomar parte nos negócios públicos.*[40]

Aos exaltados interessava particularmente a ampliação do sistema de jurados, na medida em que, devido à natureza de suas atividades políticas, estavam sempre às voltas com a Justiça, e o júri, teoricamente, representaria uma chance maior de escaparem das sentenças de cunho político dos juízes profissionais. E, de fato, isto veio muitas vezes a ocorrer, após a implantação dessa medida, em 1832, pelo Código do Processo Criminal, beneficiando exaltados e caramurus envolvidos em movimentos de protesto e revolta.

Mas Ezequiel pretendia levar aqueles ideais liberais ainda mais longe, estendendo-os a toda a magistratura. Propunha, assim, que "*fosse de eleição popular todo o Poder Judiciário*", sendo os juízes e desembargadores indicados em listas tríplices pelos eleitores de cada província, e o mesmo fizesse a Assembléia Geral para os do Supremo Tribunal, cabendo ao governo escolher um dos três indicados em cada lista. Além disso, diante da falta de homens *honrados* e *educados* dispostos a assumir determinadas funções judiciárias (meirinho, alcaide, esbirro, beleguim), e em vista da "*grosseria costumeira*" dos juízes e demais funcionários do Judiciário, propunha, ainda, "*primeiro, que nenhum doutor em direito possa advogar ou ser escrivão e magistrado, antes de ser oficial de Justiça; segundo, que todo o beca, juiz de direito ou magistrado que for grosseiro em tratar as partes, omisso em servi-las, despótico em governá-las e larápio quando julgá-las ou lhes der sentenças, terá logo e logo, a exemplo dos militares, uma baixa do posto temporária*".[41] A implementação de tais propostas nem sequer foi cogitada; significaria uma intervenção um tanto drástica na estrutura judiciária, mais longe do que se estava disposto a ir com a criação do júri e a ampliação dos poderes dos juízes de paz, o que, por si só, e com todos os problemas que veio acarretar no sentido do fortalecimento dos poderes locais, já foi um grande avanço em termos da aplicação daqueles ideais liberais.

Ezequiel, todavia, não se dava por satisfeito com isso e com muitas outras coisas. Sua quase obsessão em combater os alicerces do absolutismo o levava a uma cruzada ainda mais polêmica: a proposição do que se poderia chamar de uma "reforma religiosa". Por trás dessa postura estava um sentimento profundamente anticlerical, típico do liberalismo radical francês e inglês, mas, via de regra (à exceção dos exaltados), estranho ao pensamento e às práticas liberais brasileiros da primeira metade do século XIX, que, tal como o liberalismo ibérico, se distinguiam justamente pelas estreitas ligações com o clero. Tanto assim que muitos dos mais eminentes revolucionários do período, como os participantes dos movimentos pernambucanos de 1817 e 1824, eram membros da Igreja, à exemplo dos freis Caneca e Miguelinho, dos padres Roma e João Ribeiro e de tantos outros. Convém não esquecer que, desde fins do século XVIII, um grande número de clérigos freqüentava as sociedades secretas e as academias literárias, importantes centros de sociabilidade política e cultural, imbuídos dos ideais das *luzes*; e que, por outro lado, a Constituição de 1824 consagrara a união entre Igreja e Estado, estabelecendo o catolicismo romano como religião oficial do Império.

Ezequiel não via com bons olhos essa ligação, para ele promíscua, entre Estado e religião. Possivelmente lembrava-se de suas leituras de Voltaire, vendo no clero um segmento privilegiado e poderoso da sociedade, aliado dos reis e da nobreza na sustentação do absolutismo. É o que já indicam alguns "verbetes" do *dicionário cívico doutrinário*. A começar pela definição de *frades*, "*homens astutos, e fanáticos*", que "*pelejam com todas as armas visíveis e invisíveis para usurpar a autoridade dos reis e os direitos das nações e conquistar este mundo*". Piores ainda seriam os jesuítas, conforme se observa na definição de *Sociedade de Jesus*, *Companhia de Jesus*, *padres da Companhia ou jesuítas*, uma "*sociedade de frades abomináveis, eminentemente inimigos do sistema Constitucional*", que, além de acumular "*grandes bens da fortuna por meio de pios enganos e astuciosos furtos*", também "*plantam a árvore da estupidez e apregoam com vários artifícios a pestífera* ***obediência cega***".[42] Por tudo isso é que Ezequiel não tinha dúvidas em colocar os bispos e frades entre os principais "***inimigos da nossa Independência, Constituição e Liberdade***".[43]

Com base nestes valores é que Ezequiel iria formular os termos da "reforma religiosa" que preconizava em seu jornal. Em primeiro lugar, defendia a plena liberdade de consciência e de culto, direito civil elementar de todo cidadão, negado pela Constituição imperial, que, ao estabelecer em seu artigo 5º o catolicismo como religião de Estado, determinava que as demais religiões fossem toleradas apenas em cultos domésticos, sem templos ou qualquer sinal de publicidade. O principal item em pauta, no entanto, era a separação entre Igreja e Estado, como sugeria a definição de *bula ou breve do papa*, que, sendo só um "*decreto do presidente e chefe da Igreja Católica*", "*não tem nada de santo, nem de divino; nem bento; e só pode recair sobre coisas meramente da Igreja, e com aprovação do Povo, isto é, de sua Assembléia; e nunca sobre os poderes da Nação e direitos dos Povos*". O mesmo ficava patente no "verbete" *concílio*, uma assembléia dos representantes da Igreja Católica que deveriam se reunir "*não para tratarem nem levemente dos negócios políticos e Direitos das nações; mas só para trabalharem sobre aquilo que diz respeito aos negócios de pura Religião*".[44] Era esta também uma clara reação ao ultramontanismo, doutrina católica antiliberal que pregava a infalibilidade do papa e a preeminência de sua autoridade sobre a dos governantes e a do clero de todos os países católicos, mesmo em assuntos temporais. Para Ezequiel e seus companheiros exaltados, a Igreja se corrompera ao aliar-se ao absolutismo e desde então tentava intervir na soberania das nações livres. Era preciso, assim, separar o trono do altar. Mas enquanto isso não acontecia, Ezequiel entendia ser necessário realizar também uma mudança na organização interna da Igreja brasileira, propondo, por um lado, o que hoje se chamaria de "enxugamento da máquina", a redução do número de clérigos e de instituições e postos eclesiásticos, visto que "*Cristo quando veio ao mundo não falou em cônego e monsenhores, que eles são dispendiosos e mais do que inúteis; que o Brasil não carece de tantos bispos; (...) que é por isso mister abolir cabidos e não preencher mais as vagas que houver*"; por outro lado, tal como para a magistratura, propunha a introdução do sistema eletivo para a ocupação dos cargos eclesiásticos, defendendo a elaboração de um projeto de lei estabelecendo que "*os Povos elejam os seus vigários e lhes dêem côngrua; e estes escolham o bispo dentre os candidatos que em lista tríplice forem apresentados pelos eleitores da Nação Brasileira*".[45]

As medidas propostas por Ezequiel em seu principal canal de expressão política, a *Nova Luz Brasileira*, inseriam-se em um contexto bem peculiar: no debate mais amplo, iniciado em fins do Primeiro Reinado e impulsionado no início da Regência, acerca das reformas constitucionais. Nesse momento de redefinição do contrato social, cumpria estabelecer suas novas bases. Enquanto os exaltados pugnavam pela realização de profundas mudanças políticas e sociais, os moderados mostravam-se dispostos a efetuar não mais que reformas de caráter estritamente político-institucional, que limitassem o poder do imperador, garantissem sua participação no governo e assegurassem, dentro da esfera da ordem, a aplicação das conquistas liberais já firmadas ou previstas na Constituição. Já os caramurus, avessos à realização de qualquer reforma constitucional, organizaram-se, desde o princípio de 1832, como defensores de um modelo político calcado no Primeiro Reinado, postulando assim a inviolabilidade da Constituição de 1824, uma monarquia constitucional centralizada (com Poder Moderador, Conselho de Estado e Senado de mandato vitalício) e, em alguns casos, a restauração de Pedro I como imperador ou regente do Brasil. Verifica-se, portanto, no início da Regência, a configuração de um campo político formado pela confrontação de três facções liberais, oriundas de diferentes vertentes e com seus respectivos projetos: nos pólos opostos, o radicalismo de feições democráticas dos liberais exaltados, à esquerda do campo, e, à direita, o reacionarismo de viés conservador dos caramurus, mediados pela posição centrista dos liberais moderados.

◄ Ezequiel Corrêa dos Santos.

▲
Botica, de Jean Baptiste Debret (Rio de Janeiro, 1823).
No século XIX, as boticas não eram apenas estabelecimentos de produção e venda de remédios, eram também centros importantes de sociabilidade política.
Na gravura de Debret observamos, à esquerda, um outro uso social das boticas – espaço de lazer.

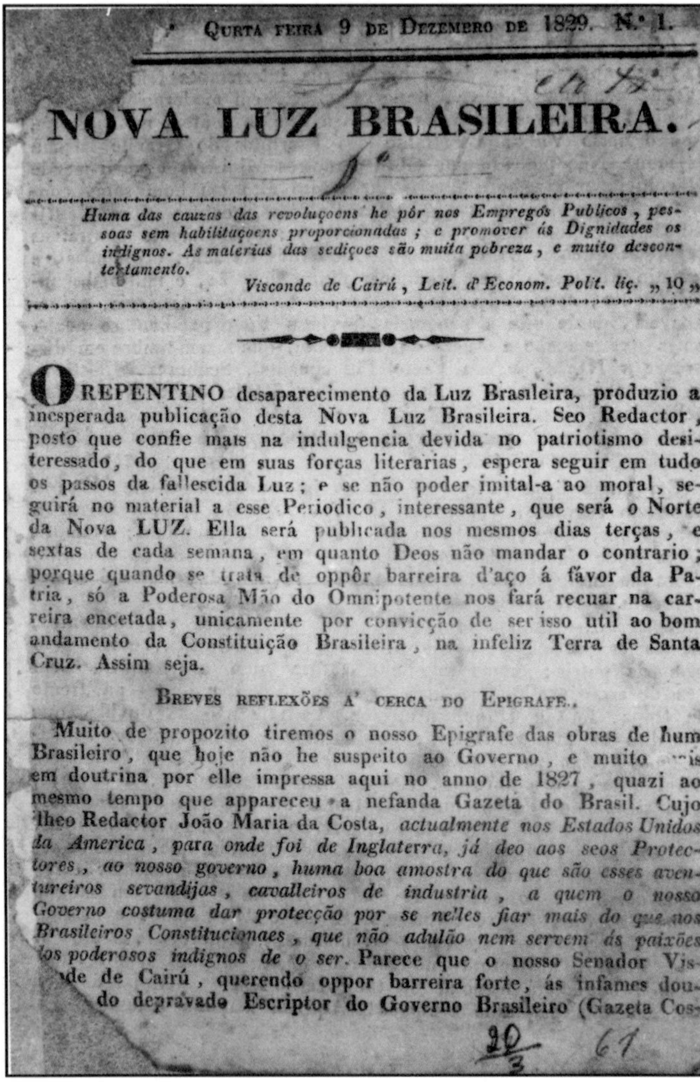

QURTA FEIRA 9 DE DEZEMBRO DE 1829. N.° 1.

NOVA LUZ BRASILEIRA.

Huma das cauzas das revoluçoens he pôr nos Empregos Publicos, pessoas sem habilitaçoens proporcionadas; e promover ás Dignidades os indignos. As materias das sediçoes são muita pobreza, e muito descontentamento.

Visconde de Cairú, Leit. d'Econom. Polit. liç. „10„

O REPENTINO desaparecimento da Luz Brasileira, produzio a inesperada publicação desta Nova Luz Brasileira. Seo Redactor, posto que confie mais na indulgencia devida no patriotismo desiteressado, do que em suas forças literarias, espera seguir em tudo os passos da fallescida Luz; e se não poder imital-a ao moral, seguirá no material a esse Periodico, interessante, que será o Norte da Nova LUZ. Ella será publicada nos mesmos dias terças, e sextas de cada semana, em quanto Deos não mandar o contrario; porque quando se trata de oppôr barreira d'aço á favor da Patria, só a Poderosa Mão do Omnipotente nos fará recuar na carreira encetada, unicamente por convicção de ser isso util ao bom andamento da Constituição Brasileira, na infeliz Terra de Santa Cruz. Assim seja.

BREVES REFLEXÕES A' CERCA DO EPIGRAFE.

Muito de propozito tiremos o nosso Epigrafe das obras de hum Brasileiro, que hoje não he suspeito ao Governo, e muito [illegible]is em doutrina por elle impressa aqui no anno de 1827, quazi ao mesmo tempo que appareceu a nefanda Gazeta do Brasil. Cujo [illegible]lheo Redactor João Maria da Costa, *actualmente nos Estados Unidos da America, para onde foi de Inglaterra, já deo aos seos Protectores, ao nosso governo, huma boa amostra do que são esses aventureiros sevandijas, cavalleiros de industria, a quem o nosso Governo costuma dar protecção por se ne'les fiar mais do que nos Brasileiros Constitucionaes, que não adulão nem servem ás paixões dos poderosos indignos de o ser.* Parece que o nosso Senador Visconde de Cairú, querendo oppor barreira forte, ás infames dou[illegible] do depravado Escriptor do Governo Brasileiro (Gazeta Cos-

▲
Primeira página do jornal *Nova Luz Brasileira*, dezembro de 1829.
BIBLIOTECA NACIONAL/DIVISÃO DE OBRAS RARAS

EXPOSIÇÃO

Dos acontecimentos da noite de 14, e dia 15 do mez de Julho do corrente anno

Á NAÇÃO BRAZILEIRA.

Rio de Janeiro na Typographia do Diario. 1831.

OS Cidadãos abaixo assignados julgão dever fazer patente á Nação o seu procedimento na noite de 14 e dia 15 do corrente, pondo em toda a sua luz os acontecimentos, que tiverão lugar nesses dias desgraçados, não só para desmascarar os figadaes inimigos do Brazil, que não cessão de trabalhar para tudo perturbar, e então conseguirem seus damnados intentos, mas tambem para que a Nação conheça dos Cidadãos, quaes os que devidamente merecem o epitheto de anarchistas, e quaes os bons servidores da Patria.

Na noite de 14 tendo marchado para a Praça da Constituição a tropa por ordem do Governo, a fim de desarmar a policia, que (segundo se disse) se havia insubordinado, não respeitando os Officiaes, e exigindo a soltura de alguns prezos soldados do Batalhão 26 de Sergipe, que se achava embarcado a fim de retirar-se para a sua Provincia por ter sido o primeiro, onde a revolta se annunciára, succedeo, que reunida a tropa, apparecêrão logo entre ella gritos sediciosos contra o Governo, a Regencia, e Assembléa Geral, não respeitando mesmo as authoridades militares, que se achavão prezentes.

Os abaixo assignados vendo, que existia hum plano desorganisador, pois que se fazião as mais aterradoras exigencias, como — *fora o General, abaixo a Assembléa, quer-se Constituinte, fora hum dos membros da Regencia, fora os Deputados corcundas, fora os adoptivos, morrão os papeletas &c.*, e que o partido pretextando a insufficiencia das instituições, recordando os aggravos da Nação não punidos, exacerbando por todos os modos as paixões, poderia tomar corpo, e trazer ao Brasil resultados os mais horrorozos; he neste estado, he na exaltação das paixões desenfreadas, he no motim manifesto de huma tropa, a quem nada faltava mais para exigir, que os abaixo assignados se reunem, expoem suas vidas, combatem tão absurdos pedidos, e não attendendo senão ao bem da patria, procurão estabelecer hum centro, onde se refundão todas as opiniões, onde a esperança possa dar lugar á calma das paixões.

Convencidos de que a tropa jamais cederia, sem que alguma de suas pertenções fossem levadas a effeito, e outro sim, que a tranquillidade não seria senão vacillante, e a justiça mal satisfeita, em quanto no Brasil fossem com pezo da Nação alimentados aquelles, que ainda hoje lhe cravão o punhal o mais atraiçoado, aquelles que incumbidos de a administrar se tem constantemente lançado nas fileiras dos inimigos para atacar

▲
Panfleto, datado de 25 de julho de 1831, assinado por 31 manifestantes (entre os quais Ezequiel Corrêa dos Santos), justificando sua participação na revolta do "povo e tropa" ocorrida naquele mês, na corte.

CORRESPONDENCIA

ENTRE AS

Sociedades Federaes

DAS CIDADES DA BAHIA E RIO DE JANEIRO.

Rio de Janeiro. Na Typographia BRAZILEIRA. Rua dos Arcos n.º 51 A.

Illustrissimo Senhor.

A Sociedade Federal desta Cidade, dezejando, quanto possa, estreitar os laços de fraternidade, que devem ligar todos os Brazileiros amigos das instituições liberaes, da Independencia, e ordem publica do seu paiz, nos ha dado o bem lisonjeiro encargo de abrir uma activa correspondencia com as Sociedades Federaes, e Patrioticas do Imperio; e por esse motivo nos dirigimos à V. S., a fim de que, dignando-se acceder aos [illegible]tos da Sociedade, à que temos a honra de pertencer, haja V. S. de, em nome de[illegible]a, communicar à Sociedade, de que he mui digno Presidente, os sentimentos, [illegible]ue [illegible]nimão para com esta ultima, da qual, he de esperar, receba a da Bahia a mais co[illegible]teal reciprocidade, attenta a identidade de principios, opiniões e dezejos, que deve[illegible] entre si manter ambas estas Associações.

Haja outro-sim V. S., por nos fazer favor, de levar ao conhecimento da mesma Sociedade, o quanto a da Bahia se tem sobremaneira felicitado pela installação de huma de igual natureza nessa Provincia, uma das mais interessa[illegible]tes Imperio, quer por ser ella a séde do Throno Constitucional, quer pela rique[illegible] de seu sólo, e sua avultada população, [illegible]uer finalmente pela nobreza de sentin[illegible] e illustração dos seus habitantes, com [illegible] cooperação dos quaes de certo se [illegible]á mui facil a propagação das doutrinas, [illegible]ujo triumpho tanto anhelão todos os corações bem formados.

Por esta occa[illegible] remettemos à V. S. dous exemplares dos Estatutos da preditta Sociedade, outros tantos do seu discurso inaugural, e bem assim os 16 numeros, que tem apparecido, do seu Periodico, no qual se achão pubicados alguns dos seus trabalhos, que se tem ultimado; e à proporção que quaesquer outros se forem terminando, a Sociedade os irá remettendo, ja que por agora, em testemunho de seus bons dezejos, nada mais pode offerecer à essa tão Illustre Associação.

Queira V. S. acceitar os sinceros protestos de consideração, e alto respeito, com que temos a honra de ser

De V. S., muito attentos veneradores e criados

Bahia 24 de Março de 1832.

João José de Moura Magalhães, Presidente.
Salustiano José Pedroza, Secretario.
João Antunes de Azevedo Chaves, Secretario.

Illustrissimo Senhor.

A Sociedade Federal da Provincia do Rio de Janeiro, a quem foi prezente o officio que V. S. lhe dirigio, [illegible] digno Presidente da Sociedade Federal da Cidade da Bahia, exultou [illegible]e praze[illegible] vi[illegible] s evidentes e sinceras provas de fraternidade e união que acaba de dar, e [illegible]eja [illegible]ter com a Sociedade Federal Fluminense, a dessa Briosa e sempre livre Provin[illegible] que por tantos titulos se tem tornado credora da maior veneração e estima das dem[illegible]is [illegible] suas Irmans.

S[illegible] todos os tempos a união e fraternidade dos homens, principalm[illegible]te quando ligados [illegible]es, [illegible] sido o garante mais forte pa[illegible] a ventura do mesm[illegible], hoje mais [illegible] esta união se torna necessaria e[illegible] todos os Brazileiros, a fim de [illegible]alvar-se a [illegible]ismo insondavel de male[illegible] infallivelmente se precipitará, se os seus [illegible]trigas e calu[illegible] ão ligarem fortemente para conduzil-a a salvo e tranquillamente a esse venturozo porvir, para que a destinou a sabia natureza, colocando-a na America.

No momento pois em que certos homens se afanão por demonstrar a necessidade de não reformar-se huma Constituição toda chéia das formulas monarchicas da velha e carunchosa Europa; huma Constituição atè hoje sempre calcada aos pés, e que nos foi offertada pela força das circunstancias, e a favor da qual se extorquirão vottos entre o terror das armas e das commissões militares; no momento em que se pretende imbuir no espirito dos nossos patricios menos instruidos, que só nos pode salvar a inalterabilidade de huma tal Constituição, e a conservação do systema unitario, e isto à despeito da opinião geral das Provincias que tão altamente se teem pronunciado contra elle, e da longa experiencia de trez seculos que nos deu a conhecer que sob os auspicios e influencia de hum tal systema só vegetão miseraveis parazytas, despreziveis mandões, infames despotas e homens s[illegible] merito e virtudes; no momento em que aquelles que mais deverão esforçar-se por conseguir a conciliação dos partidos, sempre fataes às nações onde existem, parecem ao contrario empenhados em leval-os ao maior grau de irritação, talvez com o fim de conseguirem a perniciosa maxima dos despotas — dividir para reinar —; no momento em que tantos entraves se oppõem aos esforços dos verdadeiros patriotas, e que surge do abismo e se apresenta em campo com as armas na mão, porque huma refalsada e tortuosa politica lh'as havia confiado, e dado importancia, hum partido restaurador, proclamando hum principe immoral, despota, perjuro e ingrato, que baqueou para sempre no singular e memoravel Dia 7 de Abril, dep[illegible]s de haver occupado indignamente por espaço de dez annos hum Throno Americano, no [illegible]ual só devera sentar-se a Liberdade; hum principe que assignalou o começo do seu rein[illegible]do com o massacre horrendo da Praça do Commercio (massacre que outros tem sabido imitar); hum principe que levou ao patibulo os melhores patriotas por meio de abominaveis commissões militares, cujos executores e referendadores de seus decretos passeião altivos ás nossas ruas, occupão eminentes cargos, e consomem nossas definhadas finanças; hum principe finalmente que se por desgraça d[illegible] Brazil fosse de novo reenthronizado, accarretaria comsigo a orfandade de nossos filhos [illegible] co[illegible]'ernação de nossas espozas, o aniquilamento da Liberdade, e a ignominia e desdo[illegible]ro eterno do nome Brazileiro; e que este partido, supposto que debandado pela bravura e [illegible]eroicidade patriotica dos filhos de Santa Cruz, não está ainda extirpado, antes talvez á sem[illegible]lhança do volcão esteja occultamente preparando as lavas que em tempo opportuno tem de apparecer, aprezentando os seus estragos; só nos pode salvar o esquecimento completo de rixas particulares, a conciliação dos partidos, a mais decidida constancia na empreza começad[illegible], e a mais sincera e fraternal união entre todos os Brazileiros.

É por isso que a Socieda[illegible] [illegible]ederal Fluminense a que temos a honra de pertencer, nos encarregou da importante e h[illegible]sa [illegible]missão de communicarmos a V. S. para o [illegible]ansmittir ao conhecimento dessa Illustre As[illegible]ão, que a Sociedade Federal do Rio d[illegible] [illegible]aneiro como amante da Liberdade, da Independencia da ordem e tranquillidade public[illegible] as reformas que as luzes do seculo, as necessidades e posição geographica do noss[illegible] pa[illegible] reclamão; accede cheia de prazer ao convite de V. S. para manter-se a mais activa correspondencia e estreitas relações de amizade entre as duas associações, tanto pela identidade de sentimentos de ambas, como por ser este o meio mais proficuo e seguro de chegarmos aos fins, por que tanto anhelão os melhores patriotas.

Sirva-se mais V. S. de fazer-nos o obzequio de offertar a essa Sociedade os dous exemplares, que incluzos remettemos, dos estatutos por que se rege a Sociedade Federal do Rio de Janeiro, em permuta dos estatutos, discurso inaugural e numeros do periodico que nos remetteu, o que tudo fica depozitado no archivo desta Sociedade, em signal da estima e respeito que nos merece a Sociedade Federal da Cidade da Bahia. Sente a Sociedade Federal Fluminense não poder igualmente remetter o resultado dos seus trabalhos, visto que por circunstancias não pòde ainda publicar o seu jornal, porem que breve vai apparecer, e então melhor desempenharemos nossos deveres, fazendo prompta remessa dos n.os que forem sahindo.

Finalmente a Sociedade Federal Fluminense, fica dirigindo os mais ardentes e sinceros votos ao Supremo Arbitro do Universo para que faça prosperar, como he mister a todo o Brazil a Sociedade Federal da Cidade da Bahia.

Salla das sessões da Sociedade Federal Fluminense, 6 de Maio de 1832, 2.° da Regeneração.

Ill.mo Sr. Presidente da Sociedade
Federal da Cidade da Bahia.

Joaquim José da Silva, Presidente.
Ezequiel Corrêa dos Santos, 1.° Secretar[illegible]
João José da Costa P[illegible]mentel, 2.° Secret[illegible].

RIO DE JANEIRO, NA TYPO[illegible] [illegible]AZILEIRA

▲
Panfleto da correspondência entre as Sociedades Federais das cidades da Bahia e do Rio de Janeiro, março de 1832.
BIBLIOTECA NACIONAL/DIVISÃO DE OBRAS RARAS

O reformista social

Ezequiel não era daqueles homens que acreditavam que a edificação do Brasil independente deveria circunscrever-se apenas ao arcabouço político-institucional, às questões estritamente ligadas à forma de governo e ao aparelho de Estado. Mais do que colaborar para a construção de um Estado liberal, Ezequiel pretendia contribuir para a formação de uma nação, e uma nação tão democrática quanto possível. Em sua visão, isto só seria viável levando-se devidamente em consideração os problemas sociais do Império, quase sempre deixados de lado, a despeito da gravidade que tinham. Era preciso, portanto, naqueles tempos em que se debatiam as reformas constitucionais, não só colocá-los em pauta, mas também buscar soluções que viessem, quando não resolvê-los de todo, pelo menos atenuá-los ao máximo. Pensando assim é que Ezequiel incorporou a discussão daqueles problemas no projeto formulado na *Nova Luz Brasileira*, apresentando propostas que, de modo geral, visavam reduzir as desigualdades existentes na sociedade imperial. Na verdade, a preocupação sistemática com as questões sociais era uma característica própria dos liberais exaltados, não encontrada em qualquer outro grupo da época. Mas muito desta singularidade deve-se, sem dúvida, à iniciativa de Ezequiel, responsável pela mais ampla problematização do tema e pelas propostas de reformas mais radicais.

Para se compreender o sentido dessas propostas é preciso, antes de tudo, entender a concepção de cidadania a elas subjacente, fruto da visão que Ezequiel e sua turma tinham da sociedade e da utopia que perseguiam. Os exaltados tinham plena consciência de que a sociedade imperial era profundamente desigual e excludente, dividindo-se entre ricos e pobres, privilegiados e oprimidos. Como já havia notado Emília Viotti da Costa, "*Para os radicais deste período, a história é a história da luta entre os grandes e poderosos e o povo oprimido*".[46] Nesse contexto, os exaltados fizeram sua escolha, não hesitando em se colocar ao lado dos pobres e oprimidos, lutando por uma sociedade mais justa e igualitária, por melhor distribuição das riquezas e pela incorporação desses segmentos à cidadania plena. Para eles, a liberdade só estaria realmente assegurada se acompanhada de uma certa igualdade, uma igualdade não apenas jurídica — como para os moderados, que seguiam as diretrizes clássicas do liberalismo —, mas também social, segundo os preceitos democráticos. E, neste ponto, o diferencial era mais uma vez Rousseau.

Desse ideal igualitário provinha a postura profundamente antiaristocrática dos exaltados. Ezequiel dava o tom do debate em seu *dicionário* na *Nova Luz Brasileira*, abordando o tema em vários "verbetes". A começar por *aristocracia*, definida como "*a classe da gente privilegiada, pela maior parte sem merecimentos nem virtudes; gente perigosa porque luta continuamente para sustentar o espírito de corporação e faz esforços para dominar a sociedade civil por meio de títulos vaidosos; e apossar-se de todas as terras, cargos, postos, dignidades e honras, insultando e pisando o Povo, para o qual se olha como manada de gado*". Ezequiel já demonstrava aí sua aversão aos privilégios, comendas, títulos de nobreza e, por extensão, sua verdadeira repulsa aos detentores de tais distinções, ainda mais evidenciadas na definição de *nobre ou fidalgo*, onde ressaltava que "*toda a* ***nobreza*** *hereditária é peste da sociedade, por ser sequaz do governo* ***absoluto*** *e do* ***despotismo****; é inimiga da liberdade, da igualdade, da justiça e das boas leis sociais; toda ela é desprezadora do Povo, para o qual olha com desdém e como para bestas de trabalho ou tropa de escravos*". A esta contrapunha a *nobreza verdadeira*, aquela "*proveniente de grandes serviços feitos à Pátria unicamente, ou ao gênero humano*".[47] A posição do líder exaltado era muito clara a este respeito: acabar com todos os títulos, condecorações e ordens honoríficas, que introduziam distinções perniciosas entre os cidadãos.

Mas apenas isto não bastava. Para Ezequiel, era preciso também combater as classes abastadas, ainda que desprovidas de privilégios e distinções honoríficas, na medida em que, além de servirem de apoio ao despotismo, contribuíam igualmente para a exploração e opressão das camadas pobres e, logo, para as desigualdades sociais. É o caso do *rico*, "*aquele que ganha abundantemente para se tratar com muitas larguezas, ficando-lhe ainda restos para guardar e amontoar*"; e o do *opulento*, "*aquele que, além do que gasta, tem riquezas amontoadas, que reluzem e transbordam em todas as coisas e por todas as partes*".[48]

Em contrapartida, bem diferente era a opinião de Ezequiel a respeito das categorias situadas do outro lado do campo social, como o *mendigo ou mendicante*, o *miserável* e o *pobre*. O primeiro seria aquele que "*pede esmolas porque não pode trabalhar, nem ganhar nada com justa causa*", ressaltando o jornal que "*Mendigo também é Cidadão que pede os desvelos e piedade da Sociedade*". O segundo, da mesma forma, seria aquele que "*não pode bem suprir suas despesas e precisões com o que ganha; e por isso passa mal de sustento e vestuário, ficando até roto e sujo*", sendo novamente frisado que o "***miserável** também é Cidadão e pede os cuidados da Sociedade*". Quanto ao terceiro, seria aquele que "*lucra com que manter com parcimônia a si e à sua família; mas a quem não ficam restos para guardar*", mais uma vez sendo assinalado que o "*pobre é Cidadão como qualquer*".[49] Verifica-se, assim, que Ezequiel não via essas categorias na ótica preconceituosa da vadiagem ou da criminalidade, do pensamento dominante sobre as *classes perigosas*; antes, atribuía a condição a que estavam reduzidas às desigualdades e às injustiças sociais. E mais do que dispensar a elas a piedade da filantropia iluminista, almejava elevá-las ao rol da cidadania plena, dignificando sua condição de povo.

De fato, Ezequiel tinha uma concepção bem peculiar de cidadania e do que consistiria essa entidade abstrata chamada povo. Estava longe de aceitar a visão excludente dessas categorias, como tratou de esclarecer logo na primeira definição de seu *dicionário ilustrado*, talvez a mais notável de todas: a do que entendia por *povo*:

> *Falando em geral, chama-se Povo à reunião de todos os habitantes que formam a sociedade e habitam um país debaixo do mesmo governo. Nesta palavra Povo se compreendem todos os indivíduos sem exceção, desde o rei até o mais pobre e miserável cidadão (...)* ***entre nós não há mais do que povo e escravos; e quem não é Povo já se sabe que é cativo.*** *Ora, como entre o Povo de que se forma a sociedade civil existem alguns homens malcriados, muito tolos e cheios de vícios e baixezas, os quais homens são algumas vezes madraços e sem brio, e nem tratam de se instruir, e de abjurar sua grosseria e maus costumes, assentou-se chamar plebe a esta gente má; e baixa plebe aos que dentre a plebe são incorrigíveis e quase piores do que os maus escravos. Por conseqüência,* ***é baixa plebe o mau e tolo fidalguete, ou negociante rico, ou alto empregado, cuja conduta, instrução, brios e costumes são maus*** *como acabamos de dizer. É pois ignorante ridículo e insolente todo o parlapatão que em ar de lorde bagatela chama com desprezo Povo à gente da sociedade que trabalha e produz riquezas com a enxada ou com a enxó.* ***Gente desprezível é a que consome as riquezas que outros produzem, e em cima trata de resto ao verdadeiro cidadão produtor de riquezas; e para mais, só cuida em atraiçoar ao Povo, escravizando-o contra as ordens do próprio Deus, que quando fez Adão, não o fez conde, frade ou marquês.*** *Quem diz Povo por desprezo é desprezível aristocrata (...) o governo deve emanar de todos, e pender de todos em massa; (...) e as Leis devem ser iguais para todos, e feitas por todos mediante seus deputados, e só para o bem geral: donde também se conclui que* ***só o merecimento e serviços em benefício do país podem dar distinção aos cidadãos enquanto vivem.*** *Tudo o mais é violência despótica de aristocratas velhacos, enquanto acham Povo tolo e sem-vergonha, que os não força a entrarem no caminho da justiça e da Constituição.*[50]

A longa citação justifica-se plenamente, creio eu, e acredito que também o leitor, pela extraordinária originalidade dessa concepção. Observa-se aí uma completa inversão semântica em relação ao que comumente se concebia, na época, como povo. Para que se tenha uma noção mais exata disso, basta ver primeiro como o *Diccionario da língua portugueza*, de Moraes Silva, o mais utilizado pelos letrados brasileiros, definia então a palavra povo: "*os moradores da cidade, vila, ou lugar*", "*nação, gente*", "*no fig.*, *o que tem os costumes, usos, e credulidade do povo*", assinalando, por fim, "*povo miúdo: a plebe, gentalha*". Ainda mais esclarecedor era o que dizia a respeito o principal periódico moderado da corte e maior oponente da *Nova Luz Brasileira*, a *Aurora Fluminense*, redigida pelo deputado Evaristo da Veiga: "Quando dizemos povo, claro está que não falamos da massa ignorante, ou destituída de interesse na ordem social, que os demagogos adulam e de que fazem o objeto de suas especulações; mas sim dos homens pensantes, honestos e que nada tendo a ganhar na anarquia olham todavia com justo receio para qualquer ensaio de despotismo, para qualquer aparência de menosprezo que se note a respeito da nação, do seu decoro e prosperidade".[51] Era uma clara resposta a Ezequiel, o demagogo em questão. Mais do que isso, era a perfeita expressão da concepção corrente no Império, que distinguia povo e plebe, o primeiro restringindo-se apenas à *boa sociedade*, ao conjunto de *homens bons* organizados nos limites da ordem e dotados de liberdade, propriedade e educação, e a segunda referindo-se à massa desorganizada, propensa à desordem, pobre, ignorante e em condição de dependência.[52]

Bem diferente, portanto, era a concepção que Ezequiel procurava difundir na *Nova Luz Brasileira*. Embora também operasse com a dicotomia povo e plebe, o sentido dado era completamente inverso: quem ficava excluído da categoria povo e inserido na plebe não era a população subalterna, destituída de propriedade e instrução, mas sim os aristocratas, os ricos ociosos, que viviam à custa da exploração do trabalho alheio (claro que aí incluídos os grandes senhores de escravos e de terras). Todos os demais indivíduos livres, independentemente de quaisquer critérios de renda, instrução, sexo ou cor, constituiriam o povo e seriam, portanto, cidadãos, com plenos e iguais direitos civis e políticos. É bem verdade que os escravos, que compunham grande parte da população, permaneciam excluídos do povo, mas esta é uma outra questão que veremos adiante com mais vagar.

Essa concepção abrangente de cidadania é reiterada em outra definição, a de *cidadão*, onde Ezequiel ressalta que seria digno deste "*distintivo mais nobre do homem social*", "*toda pessoa livre, homem ou mulher, que é parte de uma Nação livre e que entra no seu contrato social, e participa de todos os atos e direitos políticos; e que por isso é uma porção da Soberania Nacional; em conseqüência do que tem voto em todas as eleições para as Assembléias e pode ser eleito se tiver* ***virtudes e talentos***".[53] Em suma, verifica-se que, para Ezequiel, a capacidade eleitoral e o estatuto pleno de cidadania deveriam ser determinados e conferidos em função, primeiramente, da condição livre do indivíduo (o que excluía a massa de escravos), e, em segundo lugar, de seu envolvimento nas questões que diziam respeito ao interesse público, dos serviços prestados à pátria (o que excluiria também aqueles segmentos que enriqueciam graças à exploração do trabalho alheio). Conforme esclarecia na definição de *virtude*, provavelmente apropriada de Montesquieu, "*falando em geral, é toda a ação ou qualquer coisa praticada em benefício e utilidade do Gênero Humano*", e, "*em particular, é qualquer ação praticada em proveito da Pátria*".[54]

Sobretudo ao admitir a mulher na cidadania política, com direito a voto, Ezequiel (e os exaltados em geral) ia além das práticas políticas até então vigentes em todo o mundo, inclusive durante a Revolução Francesa. Apesar de todo o discurso igualitário dos revolucionários, fixado na *Declaração dos Direitos do Homem e do Cidadão*, e da intensa participação feminina nos clubes patrióticos, nas tribunas da Assembléia, na imprensa, nas manifestações de rua e nas revoltas, as francesas não deixaram de ser situadas, segundo a célebre classificação de Sieyès, entre os *cidadãos passivos*, usufruindo apenas os direitos civis, mas não os políticos; e sua atuação no espaço público ainda foi sistematicamente cerceada. A grande maioria dos revolucionários (como Robespierre, Danton, Mirabeau e tantos outros) não chegou sequer a discutir o assunto, e os poucos que o fizeram foram quase sempre para atacar as aspirações políticas femininas, entendendo, tal como Rousseau e vários outros ilustrados, que à mulher estavam destinados a família e o lar, pois não seria biológica, intelectual e moralmente capacitada para participar da vida pública. Além disso, como e para que as mulheres iriam votar, já que, por definição, elas seriam dependentes e teriam as mesmas opiniões de seus maridos? Quando muito, aceitavam que a mulher fizesse uso de seu papel educativo para, de acordo com as *luzes* da época, auxiliar na formação cívica de seus filhos, dos futuros cidadãos. Entre os homens, apenas Condorcet, Lequinio, Romme e Guyomar levantaram a voz para defender a igualdade de direitos entre os sexos, mas foram, quando não ignorados, combatidos com rigor. Olympe de Gouges chegou a produzir, em 1791, uma *Declaração dos Direitos da Mulher e da Cidadã*, onde lembrava que, se a mulher tinha o direito de subir ao patíbulo, também deveria gozar dos direitos políticos; mas lhe custou caro a ousadia, e, ironicamente, acabou executada na guilhotina, como outras mulheres, durante o Terror. Somente em 1944 é que as francesas obteriam direito de voto, enquanto inglesas, norte-americanas e brasileiras conquistariam o mesmo direito apenas um pouco mais cedo, em 1918, 1920 e 1934, respectivamente.

No Brasil, os liberais exaltados foram pioneiros em defender sistematicamente a participação da mulher na esfera pública (inclusive nas revoltas, como visto) e a igualdade de direitos entre os sexos. O primeiro a fazê-lo foi Cipriano Barata, em 1823, motivando os manifestos coletivos iniciais feitos por mulheres no Brasil, reivindicando a participação feminina na vida política. Mas foi na virada da década, com os exaltados, que esse ideal passaria a integrar o projeto não de um único indivíduo, mas de todo um grupo político. Ezequiel foi quem deu mais ênfase à causa, sustentando, na *Nova Luz Brasileira*, que o engajamento feminino nas questões públicas justificava-se e impunha-se na medida em que "***a Pátria, os Direitos, Liberdade e garantias pertencem a todos sem exceção***". A abstenção da mulher nesta questão implicaria, assim, sua anulação social, pois o "*vilipêndio, e a nenhuma representação na sociedade é o dote, é a sorte que espera o belo sexo no Brasil, se ele não se interessar calorosamente pela Independência e Constituição*".[55] Ao que tudo indica, havia, naquele momento, uma demanda, ainda que tênue, no sentido da defesa de algumas prerrogativas femininas, como evidencia o surgimento dos primeiros jornais dirigidos àquele público (inclusive de caráter político, como *A Mulher do Simplício, ou a Fluminense Exaltada*), dos folhetins e dos primeiros panfletos, manifestos e cartas de jornal assinados por mulheres, assim como a participação feminina em algumas associações públicas no início do período regencial (no Pará, chegou a ser fundada uma sociedade integrada exclusivamente por mulheres, a Sociedade das Novas Amazonas ou Iluminadas).

Todavia, mesmo defendendo a igualdade de direitos entre os sexos, a politização das mulheres e sua intervenção no espaço público, os periódicos exaltados não deixavam também de ressaltar — e a *Nova Luz Brasileira* não constituía exceção — os dotes familiares e maternos e outras qualidades naturais que seriam próprias do belo sexo. Daí que, tal como para os revolucionários franceses de 1789, uma das formas essenciais de contribuição das mulheres à pátria seria o papel que deveriam desempenhar no âmbito doméstico, na formação do cidadão, educando seus filhos de acordo com os princípios constitucionais e patrióticos, e incentivando seus maridos a lutarem pela mesma causa. Ezequiel chegou até a lançar uma *Nova Luz Brasileira Extraordinaria*,[56] dedicada às senhoras brasileiras, que, com o sugestivo título de "Primeiro passo de reforma na educação da mocidade brasileira", sugeria um "*novo método de embalar, e cantar às crianças*", no intuito de instruí-las nas *luzes* do século e formar futuros "*bons cidadãos*". Consistia este método em cantigas de forte mensagem cívica (duas delas eram dadas como exemplo), que deveriam ser todos os dias entoadas aos meninos e meninas por suas mães e amas, a fim de "*principiar semeando as idéias do bem e da virtude, no tenro coração dos nossos filhinhos*"; e um dos princípios ensinados nessas cantigas era justamente que "*os homens e as mulheres têm direitos como criaturas naturais e como cidadãos; os quais direitos eles devem defender*", o que, traduzido em versos, ficava como o que se segue, dirigido especialmente às meninas: "*Mui vários direitos/Tens por condição,/ Todos te pertencem,/Por igual teus são*". Ainda assim, verifica-se que, de todo modo, caberia à mulher não só a tarefa de participar pessoalmente das instâncias públicas de debate e ação, como também a função de politizar o espaço privado.

Além de definir, em termos tão abrangentes, sua concepção inovadora de cidadania, Ezequiel prescrevia também, em seu *dicionário*, os direitos e as garantias inalienáveis do homem e do cidadão, salientando sua importância como parte fundamental do pacto social e como salvaguarda da liberdade dos indivíduos. A começar pela relação das *garantias*:

> *(...) a segurança da casa e da pessoa do Cidadão, e da sua indústria e propriedade: — o Direito de petição para qualquer pessoa poder queixar-se, e repelir o mal: — a faculdade de se ajuntarem os Cidadãos desarmados; para combinar os meios de promover algum bem ou apartar algum vexame: — o poder falar livremente pela Imprensa, imprimindo e publicando seus escritos: — o não ser preso, nem conservado em prisão, nem sentenciado senão conforme a Lei, e depois de certas formalidades: — e ser julgado pelo Tribunal do Júri, que é tribunal do Povo, e o único próprio a manter a segurança da vida, Liberdade, honra etc.: — o eleger livremente os deputados à Assembléia, para afastar as maquinações e pretenções do* **Poder**: *— o ter armas em sua casa para defender-se a si, sua Liberdade, Constituição e Pátria.*[57]

Estas garantias são desdobradas e especificadas em quatro tipos de direitos, conforme a teoria liberal clássica. Os *direitos do homem* congregam todos os demais, abrangendo "*os Direitos naturais; e os políticos e civis que procedem dos naturais*", sem os quais "*o homem é escravo e não pode ser chamado homem*". Já os *direitos naturais* são "*os efeitos da reunião das Leis pelas quais Deus criou o homem tal qual ele é*", compreendendo os direitos de "*conservar e defender a vida, a liberdade, a igualdade, a propriedade, viver em sociedade, o exercício da indústria do corpo e do espírito, o esforço para adquirir instrução e luzes, a diligência para ser feliz, a escolha do governo e Religião, o estabelecimento do contrato social, a fatura e reforma das leis, a propagação da espécie, a resistência à opressão etc.*". Os *direitos políticos*, por sua vez, são "*certos privilégios que o Cidadão deve ter, e tem infalivelmente em virtude das Leis fundamentais do Contrato social*", referentes a "*votar e ser votado para deputado, senador e quaisquer outros cargos da Sociedade, tendo merecimentos e virtudes, reconhecer a necessidade dos tributos, em que se gastam, e o tempo que duram etc.*". E, por fim, os *direitos civis*, também resultantes das leis do pacto social, garantem "*andar o Cidadão seguro pelas ruas; não entrar ninguém em sua casa sem consentimento de seu dono; casar e viver seguro com sua mulher e seus filhos; gozar livremente de seus bens, e por morte reparti-los; fazer testamento; servir de tutor etc.".*[58]

Esta concepção de cidadania exaltada integra, assim, ao menos em parte, as três vertentes clássicas da tradição democrática ocidental. Está fortemente impregnada do humanismo cívico, enfatizando a preocupação com o interesse público, o bem coletivo, valorizando, portanto, a virtude cívica e o envolvimento direto dos cidadãos no governo da sociedade. Da mesma forma, está imbuída da visão comunitária, ressaltando o sentimento de pertencimento a uma comunidade (a nação), estimulando assim a identidade nacional. E está aí presente também a concepção liberal de cidadania como titularidade de direitos, centrada na conquista das garantias individuais, em reação ao poder do Estado e às limitações legais e institucionais. Quanto a este último ponto, cumpre notar que, entre os direitos prescritos no *dicionário* da *Nova Luz Brasileira*, apenas não figuram os direitos sociais, que, segundo T. H. Marshall, ainda não integravam o conceito de cidadania no século XIX. Todavia, neste caso, tal ausência deve ser relativizada, pois, como veremos em seguida, era patente a preocupação de Ezequiel com a justiça social, levantando e reivindicando uma série de questões sociais concebidas como direitos de todo cidadão.[59]

Para Ezequiel, não bastava apenas o estabelecimento de leis que assegurassem os plenos direitos de cidadania a todos os indivíduos livres. Era preciso também desenvolver mecanismos que tornassem efetivo na prática o acesso dos setores subalternos da sociedade a esta cidadania plena, reduzindo as desigualdades sociais e promovendo maior justiça social. Sem isto, nada mudaria; as leis se limitariam a marcar uma cidadania formal sem correspondência com a real. Ao leitor não suficientemente familiarizado com o discurso exaltado, pode parecer que essas idéias estão em desacordo com a época, que são datadas dos dias de hoje, quando a questão da cidadania está na ordem do dia, inclusive entre os historiadores e cientistas sociais; mas também naqueles tempos que se seguiram à Independência, quando toda uma cultura política liberal, em suas vertentes diversas, estava sendo difundida, o tema da cidadania ocupava um lugar de destaque no debate em torno da nação que se pretendia construir. E os exaltados foram os principais responsáveis pelo aprofundamento desse debate, justamente ao postularem uma cidadania abrangente, em termos tanto da inclusão de segmentos excluídos quanto do avanço pelas questões sociais.

Neste sentido, Ezequiel entendia que somente com a realização de profundas reformas sociais, visando à uma ampla transformação na estrutura da sociedade, é que aqueles segmentos poderiam de fato desfrutar da condição plena de cidadãos. Propunha, assim, uma série de medidas a respeito, das quais a mais importante e que suscitou as maiores reações foi, sem dúvida, a reforma agrária. A idéia foi primeiro lançada pela *Luz Brasileira*, mas coube a Ezequiel, em sua *Nova Luz Brasileira*, levá-la adiante e sistematizá-la em um polêmico projeto, denominado Plano do Grande Fateusim Nacional. Este foi assim definido e explicado no jornal, em resposta a um seu correspondente:

> *Fateusim Nacional é a grande receita para acabar com os desaforos de nobres fidalgos e aristocratas; e bem assim acabar com os pesados tributos. Em vez de dar a nação muitas léguas de terras a um afilhado dos grandes, para este depois aforar aos pobres por muito dinheiro e com grande dependência, a Nação dá somente as terras que cada homem precisa para a lavoura, mas não dá de propriedade, e sim por arrendamento que se renova de 30 em 30 anos, e com obrigação de passar aos herdeiros do foreiro morto. É a isto que se chama Fateusim Nacional. Dando-se as terras de propriedade aos magnatas, como se tem dado, os figurões trazem aos pobres debaixo dos pés; e o foro que pagam os pobres é para o grande viver no ócio e na grandeza; e além disto tem o pobre de pagar tributos para as despesas da Nação; as quais despesas são muito grandes e mal gastas em governo de reis que não amam o bem público, isto é, que são inimigos da República. Mas quando há Fateusim Nacional, o pobre não é escravo dos ricos: não paga o pobre dois tributos, um para o rico viver vadiando, e outro para o rei nos ir espezinhando. Com o Fateusim Nacional, o foro*

> *que dava o pobre para o rico o meter debaixo dos pés, e ficar supondo que é fidalgo, vai para as despesas públicas; e o que o pobre pagava de tributos para as despesas do Governo deixa de pagar, e fica para ir aumentando a sua lavoura, educando aos seus filhos e lhe arranjando patrimônio. Com [o] Fateusim Nacional desaparecem os grandes, que são malvados, e também os juízes, que se vendem aos grandes, para roubarem a pobreza.*[60]

O projeto proposto envolvia, assim, o estabelecimento de duas medidas centrais: de um lado, uma política de distribuição justa de terras, de modo que cada indivíduo (independentemente de sua condição social) possuiria apenas as terras de que realmente necessitasse para sua subsistência e que pudesse efetivamente cultivar, obtendo-as não por concessão e muito menos por venda, mas mediante arrendamento feito a ele pelo governo (e não por um grande proprietário) por um prazo renovável de 30 anos; com isto, o agricultor passaria a pagar um único imposto ao governo, livrando-se, então, da prestação de qualquer tributo a quem, de outro modo, seria o proprietário da terra. Além disso, para viabilizar e tornar efetiva a reforma, o plano previa a confecção de mapas geodésicos a partir da medição e da demarcação de todas as terras, e a realização de um cadastramento completo das mesmas, acompanhado de um inventário dos bens possuídos por todos os agricultores e de um recenseamento geral. Também estabelecia que a reforma abarcaria as terras públicas devolutas, as que fossem desde então adquiridas e as propriedades privadas que tivessem sido indevidamente apropriadas. Desta forma, o plano abria uma exceção para "*o que tem sido comprado a dinheiro, e está legalmente possuído, ou preenchida religiosamente, e nunca jesuiticamente as condições da Ord. do Liv. 4. a esse respeito. Os mais todos devem ser enfiteutas, preferidos aqueles que tiverem posse imemorável e de boa-fé; bem como seus herdeiros, enquanto assim o quiserem*".[61]

A ressalva dizia respeito à legislação colonial sobre as sesmarias contida no Livro IV das *Ordenações filipinas*, onde constavam as determinações de que as sesmarias fossem medidas e demarcadas judicialmente, e concedidas apenas na condição expressa de que o beneficiado as cultivasse efetivamente, dentro de um prazo estabelecido que variava de um a cinco anos; caso contrário, deveriam ser confiscadas e repassadas a outros sesmeiros. Como, na prática, tais determinações raramente eram cumpridas — de onde resultava a ilegalidade da imensa maioria das propriedades agrárias no Brasil —, é provável que Ezequiel pretendesse recuperar, em parte, o espírito original da legislação sobre a concessão de sesmarias. Mas apenas em parte, porque, em sua visão, as sesmarias constituíam imensos latifúndios (legalmente, podiam chegar a nada menos que três léguas e freqüentemente atingiam dimensões muito maiores), sendo responsáveis, assim, pela formação daquela aristocracia privilegiada e ociosa que vivia da exploração do trabalho alheio e apoiava o governo absoluto que Ezequiel tanto abominava. Um tal sistema agrário — concentrador de riquezas e voltado para a grande produção dirigida ao mercado externo — não corresponderia, portanto, ao princípio igualitário de distribuição de terras para todos, na medida dos limites do trabalho e da subsistência de cada um (o que muito lembrava as idéias de Locke e de Rousseau a respeito da distribuição e cultivo da propriedade agrária).

Por isso, caberia à nação "*dar as terras não em propriedade, e sesmarias, mas como um fateusim*", pois Ezequiel entendia que o povo "*será escravo de aristocratas liberais, desde que se der sesmarias, em vez de se fazer o fateusim*". Isto porque o objetivo do plano era não só abolir ou atenuar as imensas desigualdades sociais, possibilitando melhores condições de vida para os pobres, mas também pôr fim ao "*disfarçado feudalismo brasileiro*" e, por conseguinte, aos privilégios e poderes da "*malvada **aristocracia liberal***". Como o líder exaltado fazia questão de frisar, o Fateusim Nacional estava intimamente associado a várias outras bandeiras de luta defendidas em seu jornal, como o combate ao despotismo, a extensão da liberdade, a implantação da Monarquia Americana *Sui Generis* ou da República e, sobretudo, a ampla difusão da instrução a todas as camadas sociais. Conforme assinalava, a verdadeira liberdade "*não existe quando há escravidão e aristocracia, quando é pouco vulgarizada a instrução; quando há sesmeiros proprietários colossais (...) quando não há fateusim nacional; e a necessária e indispensável destruição de todo o poder discricionário, vi-*

talício e hereditário, e eletivo em longos prazos. Sem estas bases está perto a tirania".[62] Para Ezequiel, portanto, o sistema de sesmarias "*nos tem escravizado, e serve de viveiro a demandas e feudalismo aristocrático*". E, além de prejudicial à organização social, política e econômica, a divisão de terras daí originada era ainda "*contra a vontade de Deus. O qual criando as terras para todo o animal vivente não quer que deles se assenhorem meia dúzia de aristocratas, que não têm direito de escravizarem as gerações vindouras. As quais tem jus à propriedade rústica, que é dom Divino*".[63]

Mas o sentido mais profundo do Plano do Grande Fateusim Nacional encontrava-se no seu efeito de ampliação da cidadania. Como, para Ezequiel, o trabalho e os serviços prestados à pátria eram condições essenciais ao atributo de cidadão, ficariam, em princípio, desqualificados como tal não só aqueles que viviam da exploração do trabalho alheio, mas também o lavrador despossuído e dependente, que assim se via impedido de ser um autêntico cidadão. Já o produtor direto e independente prestava, acima de tudo, um serviço ao país, tendo então os requisitos essenciais para o acesso à cidadania. Na medida em que a cultura política do século XIX, tanto no Brasil como na Europa, em geral associava a consciência política e a capacidade de votar — e, portanto, o estatuto da cidadania plena — à renda ou à propriedade, sendo esta vista como critério qualificador do indivíduo independente, não sujeito moral e economicamente a qualquer outro, a distribuição mais ampla possível da propriedade afigurava-se para Ezequiel como um meio de estender a cidadania, retirando deste requisito todo o seu conteúdo excludente.

Assim, uma distribuição justa e eqüitativa das terras fazia-se necessária em razão de três fatores primordiais: no plano político, poria em xeque o poder e os privilégios dos ricos e aristocratas, sustentáculos do despotismo; no âmbito social, possibilitaria melhores condições de vida aos pobres e sua incorporação efetiva à cidadania plena; e, em termos econômicos, permitiria aumentar a riqueza nacional, mediante o incremento da produção.

Ezequiel não via a expropriação dos latifúndios improdutivos como medida contrária ao direito de propriedade. Em primeiro lugar, por não ser justo que alguns poucos cidadãos tivessem muito e nada produzissem por si mesmos, enquanto a grande massa era despossuída, explorada e submetida àqueles privilegiados. Em segundo lugar, porque a maioria das propriedades fundiárias existentes eram, além de improdutivas, também ilegais, seja porque ultrapassavam o limite de três léguas estipulado para as sesmarias, seja porque fossem produto da pósse de terras devolutas, anteriores ou não ao fim do sistema de sesmarias, sem qualquer título legítimo de propriedade. E, em terceiro lugar, porque, para os exaltados, o direito à liberdade colocava-se acima do direito à propriedade, a qual, como em Locke, não se reduzia apenas aos bens legalmente possuídos, privilegiando antes valores como a vida, a liberdade, a igualdade e a força de trabalho.

Ezequiel chamava a atenção para a originalidade do Plano do Grande Fateusim Nacional, afirmando que "*é idéia nova e utilíssima, quanto é prática; e o Brasil deve um dia deixar de ser mero imitador, criando também coisas novas e profícuas à Liberdade e moralização do Gênero Humano, como é o Fateusim Nacional*".[64] Mas sua importância estava não apenas naquilo que propunha, mas também no contexto das discussões que vinham sendo e seriam depois travadas no país a respeito da questão agrária. Antes e pouco depois da Independência, outros projetos de reforma agrária foram elaborados e nenhum implementado. O projeto de Ezequiel, contudo, vinha à público em uma época em que nenhuma legislação que regulamentasse o acesso à terra ou o legitimasse estava em vigor, já que a antiga Lei de Sesmarias fora suspensa em 17 de julho de 1822, sem ser substituída por qualquer outra lei congênere. O caso é que não parecia haver muito interesse em se resolver logo a questão, visto que tanto a Constituinte de 1823 como a Constituição de 1824 nada deliberaram sobre a questão das terras públicas. Apenas se aprovou, a 15 de novembro de 1831, uma lei que suspendia a cobrança de foros sobre as sesmarias, e, já a 6 de outubro de 1835, outra lei extinguiu o morgadio, mas ambas tiveram alcance limitado. O máximo a que então se chegou foi a apresentação, em 1830, na Câmara dos Deputados, de um projeto de lei propondo o arrendamento de todas as terras públicas, inclusive as ocupadas ilegalmente. Todavia, o projeto, que não estabelecia limites para a extensão das terras arrendadas, tampouco chegou a ser discutido, assim como um outro, sobre sesmarias, levado à Câmara em 1835. O plano agrário da *Nova Luz Brasileira* foi lançado justamente quando se constituiu a comissão da Câmara dos Deputados encarregada de propor reformas à Constituição, mas nada foi feito para resolver o problema até 1850, quando se instituiu a Lei de Terras. Esta, no entanto, ao legitimar as antigas sesmarias e posses, e sobretudo ao estabelecer o acesso à terra somente por meio de compra, à vista e a altos preços, caminhou em sentido contrário àquele idealizado por Ezequiel.[65]

O Plano do Grande Fateusim Nacional desafiava, assim, o domínio dos grandes proprietários de terras e escravos e o modelo econômico agroexportador em que se assentava o Estado imperial. Se posto em prática, provocaria uma verdadeira revolução social. Não é de espantar, então, a reação estridente que provocou na imprensa da corte, particularmente entre os periódicos moderados, que, a exemplo da *Aurora Fluminense* e de O *Independente*, acusavam a *Nova Luz Brasileira* de pretender com isso atentar contra o direito de propriedade, promover uma violenta luta de classes e arruinar a economia. Para os moderados, reforma agrária era, assim, sinônimo de anarquia. Tamanho foi o impacto causado que, quase um quarto de século mais tarde, o Fateusim Nacional ainda seria lembrado, com visível desdém, pelo conservador Justiniano José da Rocha, que em célebre panfleto bem registrou a inquietação provocada naqueles tempos pela imprensa exaltada e, em particular, pelo projeto proposto por Ezequiel: "*Fora do parlamento, a opinião inflamava-se em todos os devaneios de uma imprensa em que o talento do político e até a habilidade do escritor eram substituídos pela fúria da paixão, pela violência do estilo e pelas ameaças da subversão (...) e no meio dos fúnebres delírios até se apresentou um monstro incompreensível com o título do grande* ***Fateusim*** *nacional, que devia operar o milagre de enriquecer a todos os pobres pela divisão das propriedades*".[66]

Nas condições da época, o Plano do Grande Fateusim Nacional parecia ser mesmo um monstro incompreensível. Mas outros fúnebres delírios foram ainda propostos por Ezequiel nas páginas da *Nova Luz Brasileira*. O boticário exaltado preocupava-se também com os pobres das cidades, com aqueles que, tal como os do campo, não tinham um teto fixo para morar ou então ficavam sujeitos aos arbítrios dos locadores de imóveis. Criticava, assim, a escassez de moradias e o alto preço dos aluguéis na corte, denunciando o descaso do governo com a questão e o abuso do direito de propriedade, direito alegado pelos proprietários para justificar os valores exorbitantes cobrados pelos aluguéis:

> *Certos indivíduos, quando pretendem ofender os Direitos do Cidadão Brasileiro, coloram a ofensa com um tal Direito de propriedade, ou de tranqüilidade pública (...). Agora perguntaremos nós se a rapacidade e avareza, se a ambição e dureza de coração dos proprietários de prédios urbanos no Rio de Janeiro não estão precisando de alguma providência do Governo para os conter dentro de limites razoáveis. O pobre tem direito à sua pequena mobília, tem direito de conservar sua vida e saúde, e mais a de sua mulher e filhos, que de certo se arruinariam de todo em todo, se fossem quais Árabes Beduínos morar no meio da rua. Aí mesmo o pisaria com seu cavalo ou carruagem a orgulhosa rapacidade do proprietário avarento, que quer 30, 40 e 50 mil-réis mensais pelo aluguel de um casebre imundo. Como é então que para respeitar ambição tão desmedida e avareza de um grosso proprietário inumano se deixa atropelar impunemente os direitos individuais do Cidadão pobre! Ou querem estes ricos ávidos e cruéis que a pobreza desesperada rompa em algum excesso repreensível contra tais avarentos e duros proprietários! Por que razão esses frades beneditinos e carmelitas, essas freiras e Ordens terceiras quase todas têm seguido o desprezível sistema de rapacidade dos proprietários anticristãos (...) os frades, os senhores do* ***Reino*** *e os beatos das Ordens terceiras, que Deus sabe como enriqueceram, espezinham a pobreza, como quem não tem alma e quer forçar os Povos a cometerem excessos condenáveis!!! Por isso diz o Evangelho que antes passará um camelo pelo fundo de uma agulha do que entrará um rico no Reino do Céu.*[67]

Para Ezequiel, o que veio a ser depois chamado de direito ao bem-estar social dos pobres estava acima do direito de propriedade dos ricos. Especialmente o clero e as ordens terceiras (de fato, proprietários de inúmeros imóveis alugados, sobretudo no centro da cidade) eram acusados de, contrariando os preceitos cristãos, explorar seus inquilinos, manifestando-se mais uma vez aqui o anticlericalismo exaltado. E novamente a violação dos direitos de cidadania e a exploração da população pobre eram apontadas como causas das revoluções. Para resolver o problema, Ezequiel propunha uma espécie de reforma urbana, que consistiria, por um lado, na adoção de uma política de controle dos preços dos aluguéis de imóveis pelo governo, de modo a torná-los mais baratos e acessíveis às camadas de baixa renda; por outro, em expandir o perímetro urbano da cidade, para a construção de casas populares. A Cidade Nova e parte do campo de Santana eram os locais indicados por Ezequiel para as obras de urbanização e para a edificação dessas moradias, que, assim, "*poderão servir para muita gente pobre, que tem ocupação na cidade, sem que fiquem expostos a suportar o sol, quando atravessarem o Campo*".[68]

Até aqui, vimos questões que diziam respeito fundamentalmente aos segmentos livres da sociedade imperial. Mas havia também, da parte de Ezequiel e seus companheiros exaltados, uma preocupação positiva com a população escrava, que, por volta de 1830, representava mais ou menos a metade dos cerca de 120 mil habitantes da corte e constituía a mão-de-obra fundamental da economia imperial. Assim, a escravidão era outra questão espinhosa a ser tratada, e por isso mesmo muito poucos foram aqueles que se dispuseram a enfrentá-la na primeira metade do século XIX. Ezequiel não só a abordou, como fez da oposição ao sistema escravista uma das bandeiras de luta de seu jornal.

Um dos argumentos usados para condenar tal sistema era o preconceito que este gerava em relação ao trabalho manual, tido como coisa de escravo, aviltante para o homem livre. Para Ezequiel, essa visão preconceituosa estimulava o ócio e a indolência dos senhores, para o que também contribuía a oferta abundante de escravos, os quais eram empregados nos mais insignificantes serviços. Assim, declarava ser "*coisa mui digna de reparo andarem muitas vezes pelas ruas desta cidade escravos ocupados em transportar um único livro, um caderno de papel, um pequeno embrulho etc., atrás de homens e mesmo de muitos jovens, que só para isso os alugam, por julgarem desairoso a suas pessoas o conduzirem eles próprios qualquer pequeno volume*". Evocando o exemplo das nações *civilizadas*, Ezequiel sugeria a tais pessoas que fossem "*mais úteis a si*", afirmando que "*de modo algum nos devemos vexar de prestarmos esses pequenos serviços*" e advertindo que "*só parece ter disposição para ser livre quem sabe dispensar alheios serviços, pois quem até em coisas tão insignificantes depende dos outros é por certo mui pouco próprio para ser independente*".[69]

O que mais o incomodava, no entanto, eram os maus-tratos cometidos contra os escravos. Como bom seguidor das *luzes*, Ezequiel acreditava que "*tamanha barbaridade*" comprometia o progresso e a liberdade no país, bem como a própria construção da nação. Em diversas edições de seu jornal, denunciava casos de sevícias praticadas publicamente contra escravos, "*em paga de eles rasgarem as entranhas da terra para nos enriquecer e regalar*". Tais fatos se sucediam diariamente, segundo ele, sem produzir "*nenhum abalo na gente que gosta de ir ver castigar pretos*", e o mesmo descaso tinham também aqueles que deveriam coibir essas ações, pois "*nem as Irmandades dos Pretos e Pardos, nem as municipalidades, nem os juízes de paz, nem os Liberais de influência, nem o Governo têm até hoje, que nos conste, tomado no assunto alguma resolução*".[70]

A passividade e a indiferença da Igreja e das irmandades religiosas de negros e pardos era vista por Ezequiel como uma notória contradição em relação à doutrina cristã que pregavam e diziam seguir. E aqui também o redator da *Nova Luz Brasileira* não perdia a oportunidade de manifestar mais um dos motivos que levavam à sua postura anticlerical. Em sua opinião, em vez de se ocuparem com o "*luxo dos Templos que nos trouxe o Catolicismo desvairado pelo luxo*" e de gastarem "*tempo e dinheiro em inúteis festanças*", a Igreja e as irmandades deveriam "*aconselhar e dirigir e moralizar os Pretos e Pardos cativos, livrando-os de vícios e crimes, e habituando-os a economizar os vinténs que gastam em cachaça e outros deboches, e que podiam ser ajuntados, para depois servir para alforria dos que a merecessem por sua conduta*".[71]

Por aí já se percebem, contudo, os limites das idéias de que Ezequiel estava imbuído, que eram também os limites do pensamento exaltado. Apesar das tendências democráticas de seu liberalismo, de seu posicionamento em favor da igualdade social e da ampliação do estatuto da cidadania, a preocupação de Ezequiel com a condição do escravo tocava as raias do humanitarismo e da filantropia de legado iluminista, não o livrando, portanto, de uma visão paternalista e de certos preconceitos em relação à cultura e ao modo de vida dos negros. O mesmo se observa em outra matéria do jornal, onde criticava os métodos cruéis de evangelização dos africanos, que acabavam levando à "*formação desses ásperos dialetos africanos; é um uso que entre nós deve cessar de uma vez*".[72] Tais concepções permitem mesmo levantar a questão sobre quem Ezequiel pretendia realmente libertar: os escravos ou o resto da sociedade?

> *Se a infância de nossos Pais Portugueses era mal dirigida, a nossa ainda é pior, pela mistura dos escravos, os quais em todo o sentido depravam hábitos e costumes e o próprio idioma, pois que nos comunicam suas idéias e barbaridades, desde os primeiros momentos em que se desenvolvem os sentidos e as potências da alma.* As nossas Mães *(...) nos entregam às* Amas, *que são Pretas comumente escravas e também Africanas. Daqui se pode colher qual será a prática dessas amas, e a influência delas sobre as crianças.*
>
> *(...) os* Meninos *(...) só ouvem nos berços cantigas sem significação ou em língua dos* Pretos; *e quando as* Amas *são melhores, todas essas cantilenas são cheias de busões, fanatismo, superstição, terrores e corcundismos, e muitas vezes são lascivas, e todas só próprias para lançar sementes de estupidez ou de corrupção nas tenras alminhas dos nossos filhos.*[73]

Esse texto nada mais é do que parte do artigo já citado sobre a reforma na educação das crianças brasileiras, onde Ezequiel pretendia difundir um novo método pedagógico para formar cidadãos patriotas, por meio de cantigas infantis portadoras de mensagens cívicas. O objetivo da reforma era "*fazer guerra incessante à ignorância, ao erro, [ao] fanatismo, à superstição, ao despotismo e tirania*", que teriam sido difundidos não só pelas "*doutrinas perniciosas dos malditos jesuítas e demais frades e padres*", mas também pela convivência com os escravos, cujas crenças e costumes seriam já no berço responsáveis pela depravação das pequeninas crianças. Neste sentido é que se pode conjecturar se o almejado fim da escravidão não seria um meio de livrar a civilização branca dos males e vícios daquele sistema e de seus efeitos corrompedores sobre a sociedade.

Embora tais discursos pudessem ser uma estratégia retórica, visando convencer os senhores dos danos da escravidão para eles mesmos, não deixavam de refletir os próprios limites do pensamento antiescravista da época. É preciso, portanto, lembrar que essas concepções nada inferiorizavam Ezequiel em relação a outros célebres defensores do fim da escravidão, que, de José Bonifácio a Joaquim Nabuco, tinham também o mesmo olhar preconceituoso sobre os efeitos danosos da cultura africana e do sistema escravista sobre a sociedade imperial. Na verdade, durante toda a primeira metade do século XIX, pouquíssimas pessoas, além de alguns exaltados, aventuraram-se a questionar a escravidão e a apresentar propostas para seu término; e os que o fizeram — como João Severiano Maciel da Costa (1821), José Bonifácio de Andrada e Silva (1823), José Elói Pessoa da Silva (1826), Domingos Alves Branco Muniz Barreto (1837), Frederico Leopoldo César Burlamaque (1837) e o periódico da corte O *Philantropo* (1849) — limitaram-se, sob argumentos diversos, a denunciar os males produzidos pela escravidão, a apontar as vantagens do trabalho livre e a propor, como principal solução para o problema, uma emancipação lenta, gradual e segura, mediante a abolição do tráfico negreiro internacional. Seguiam, portanto, uma linha mais emancipacionista do que propriamente abolicionista.

Dentro desses mesmos limites caminhavam os exaltados, que também não ousaram propor a abolição imediata da escravidão. Todavia, a solução que apresentavam não era a supressão do tráfico negreiro, uma vez que, no momento em que escreviam, essa questão era tida como já resolvida, em virtude do tratado anglo-brasileiro de 1826, ratificado no ano seguinte, que previa a extinção desse comércio a partir de 1830. Neste caso, restaria apenas zelar pelo cumprimento do acordo, reprimindo o contrabando. Além disso, a lei de 7 de novembro de 1831, que pretensamente aboliu o tráfico para o Brasil, parecia encerrar de vez o assunto. Entre os exaltados da corte, somente Ezequiel, Cipriano Barata e a *Luz Brasileira* apresentaram alguma proposta para o término da escravidão, todos pleiteando a libertação dos nascituros como meio para chegar àquele fim. Escrevendo logo após a Abdicação, vista inicialmente por ele como o advento de uma nova e promissora era, Ezequiel entendia que a liberdade verdadeiramente obtida naquele glorioso dia por todos os brasileiros "*fosse festejada com uma Lei que libertasse os ventres ainda não livres*". A idéia era, assim, tornar livres os filhos de escravos nascidos a partir da promulgação de tal lei, mas de forma que somente desfrutariam da liberdade após completarem 30 anos de idade, ficando durante esse prazo adscritos à gleba. Para o redator da *Nova Luz Brasileira*, este seria "*o melhor meio de acabar com a escravidão interna, sem qualquer prejuízo da lavoura e dos Proprietários de escravos*". Propunha, ainda, que as irmandades e ordens religiosas acumulassem anualmente um pecúlio, destinado a libertar um certo número de cativos "*que fossem de boa conduta e moralidade no serviço de seus Senhores*", e também que se alistassem escravos no Exército, porquanto assim "*teríamos dentro em pouco acabada a escravidão interna, passando os Pretos escravos para um estado civil que é médio entre o seu e o Cidadão livre*".[74] Mesmo pondo o direito à liberdade acima do direito à propriedade, Ezequiel parcialmente curvava-se, em questão tão crucial, às *razões de Estado*, procurando conciliar prerrogativas em princípio inconciliáveis. Seja como for, pela via emancipatória, pretendia abrir aos ex-escravos o acesso à cidadania.

Se desta vez Ezequiel não se mostrou tão radical naquilo que propunha — afinal, não se deve esquecer que era um homem de seu tempo, com seus impasses, suas limitações e suas contradições —, ainda assim as idéias que defendia a esse respeito estavam à frente das dos demais grupos políticos da época. Tanto que foi preciso esperar 40 anos para ver promulgada, em 1871, a Lei do Ventre Livre, em termos parecidos com o que se propunha na *Nova Luz Brasileira*. Como é sabido, por essa lei os nascituros ficariam até os oito anos de idade sob a autoridade dos senhores de suas mães, os quais, a partir de então, poderiam optar entre libertá-los, mediante indenização, ou (como mais comumente ocorreu) utilizar seus serviços até que completassem 21 anos. A lei previa também a criação de um Fundo de Emancipação, para a libertação de escravos, mediante sorteio.

Na crítica que Ezequiel fazia ao sistema escravista conjugam-se, portanto, argumentos de cunho humanitário e cristão (a escravidão era cruel e contrária aos desígnios de Deus), princípios filosóficos de base iluminista (a liberdade é um direito natural de todos os indivíduos), aspectos econômicos de matriz liberal (o trabalho escravo era menos produtivo e rentável que o livre, estimulava o ócio dos senhores e tornava aviltante o trabalho manual), elementos socioculturais (a instituição escravista opunha-se à justiça social, fomentava a ignorância, corrompia a sociedade e introduzia imoralidades e vícios no seio das famílias) e fatores de ordem política (a escravidão seria uma ameaça à constituição de uma nação civilizada, à formação de um governo liberal e à extensão da cidadania).

Se Ezequiel nutria nítidos preconceitos em relação aos escravos, o mesmo não demonstrava a respeito dos egressos, direta ou indiretamente, daquele sistema. Tanto que, em conformidade com seus ideais igualitários, dedicou-se firmemente a combater o preconceito racial contra negros e mulatos livres, assim nascidos ou libertos. Bem coerente com sua concepção, diríamos hoje, multiétnica de cidadania, a Ezequiel não importava a cor do indivíduo, que, contanto que fosse livre, era um cidadão como outro qualquer, com plenos direitos, não só civis, mas também políticos e sociais. Era esta uma postura comum aos exaltados, que chegaram inclusive a lançar alguns jornais especialmente dirigidos aos homens livres *de cor* ou bastante aferrados à questão étnica, como *O Homem de Cor* (que a partir do terceiro número passou a se chamar *O Mulato, ou O Homem de Cor* e que, segundo Helio Vianna, foi o "primeiro órgão jornalístico dos mulatos brasileiros"),[75] *O Cabrito* (epíteto que, no jargão sociopolítico da época, designava os brasileiros, em alusão à sua cor mestiça) e *O Filho da Terra*. Mas, embora não fosse um periódico estritamente ligado à problemática racial, é nas páginas da *Nova Luz Brasileira* que se encontram as críticas mais recorrentes ao preconceito existente contra negros e mulatos livres.

Uma das questões denunciadas logo de início por Ezequiel era a "*pérfida e bisonha*" discriminação sofrida pelos pardos no preenchimento dos cargos públicos. Em resposta, salientava que "*os*

Pardos são fortes, são talentosos, são verdadeiros amigos da liberdade e da Pátria, são nisto melhor do que muitos brancos, são uma das principais forças e seguranças do Brasil".[76] Também censurava as manifestações racistas que explodiam com freqüência nos espetáculos tea-trais, quando bastava aparecer em um camarote alguma pessoa *de cor* para despertar as mais ásperas reações por parte dos demais espectadores: "*entram logo a espirrar (uso de Portugal para insultar os pretos) e a gritar:* ***fora preto, fora carvão****; ao que se ajuntam assovios e algazarras; igualmente, se aparece alguma parda que deite a cabeça fora do camarote, grita-se logo:* ***fora mendubi torrado***"; diante disso, Ezequiel questionava a tão propalada "*civilização do Rio de Janeiro*", os ditos "*civilizados da corte*", e aproveitava para mais uma vez enaltecer as virtudes e os préstimos dos mulatos e negros livres e lembrar que eram tão cidadãos quanto os brancos, como assegurava a própria Constituição imperial:

> *(...) as gentes de cor também têm parte no País, possuem propriedades e são senhores; além disto os homens, sendo livres, honestos, honrados e bons patriotas, são iguais perante a lei e segundo a natureza e a Constituição; logo, quem os insulta pela simples diferença de cor é inimigo da lei e inimigo da Constituição. De que serve um branco ignorante, desonesto, ladrão ou servil? De nada. Porventura não é mais apreciável um Cidadão de cor ilustrado, honrado, verdadeiro e Constitucional? De certo que sim (...) demais, os homens de cor cheios de Patriotismo, como Cidadãos verdadeiros, carregam todos os encargos da Sociedade; trabalham na produção das riquezas e no bem comum, e fazem a defesa da Nação quando é preciso e por isso devem ser respeitados em toda parte como qualquer outro.*[77]

Com Ezequiel e os exaltados em geral, o homem livre de cor foi elevado a símbolo da nacionalidade brasileira e valorizado como elemento fundamental na construção de uma cidadania multiétnica. Ao combaterem com tamanha veemência as mais diversas manifestações de discriminação racial, concentraram sua luta na defesa dos direitos civis desses indivíduos, que, embora prescritos na

Constituição, estavam longe de ser respeitados na prática, como, aliás, era de se esperar em uma sociedade escravista. Mas os exaltados não estavam sozinhos nessa empreitada. Em 1833, surgiram na corte pelo menos duas publicações caramurus voltadas para a causa étnica, o *Brasileiro Pardo* e *O Crioulinho*, embora não se possa dizer, como no caso dos exaltados, que a defesa dos direitos do homem livre de cor fizesse propriamente parte do projeto político caramuru, uma vez que a questão estava praticamente ausente dos principais periódicos do grupo e mesmo aquelas duas folhas não passaram do primeiro número. Ainda assim, é bem significativo o surgimento de publicações específicas, dedicadas a tema tão controverso, em se tratando de uma facção de idéias tão conservadoras como os caramurus. E não era à toa que isto se dava. Para além da cidadania política, travava-se de fato, naquele momento, uma luta por parte da população livre de cor pela conquista dos direitos civis básicos (igualdade perante a lei, liberdade de ir e vir, de expressão, de reunião, de acesso aos cargos e funções públicas, de propriedade); luta que ia desde o Parlamento (como ilustram as trajetórias dos deputados Antônio Pereira Rebouças e Francisco de Montezuma, entre outros) até as ruas (onde negros e pardos participavam ativamente das diversas manifestações públicas), passando logicamente pela imprensa (como indicam não só os jornais dedicados à questão étnica, mas também a existência de vários redatores mulatos). Tais demandas tocavam mais de perto o dia-a-dia dessas pessoas do que a obtenção de certos direitos políticos — como o voto e a elegibilidade dos libertos para deputados e senadores —, que, embora também almejados, influíam muito menos diretamente em suas vidas.[78] Ainda assim, como visto, Ezequiel não fazia qualquer distinção étnica também no tocante à plenitude dos direitos políticos, e nisto é que mais se destacava sua ação nesse contexto.

Os princípios igualitários que professava, todavia, não o eximiam de manifestar forte tendência discriminatória em relação aos estrangeiros. É que a xenofobia também era um dos traços característicos do liberalismo radical no Império. Decorria do nacionalismo exacerbado nutrido pelos exaltados e da imagem que tinham dos estrangeiros em geral como agentes "imperialistas", associados às forças absolutistas. No momento em que se buscava construir a nação, firmar os laços da nacionalidade, forjando uma identidade comum, os estrangeiros muitas vezes afiguravam-se uma ameaça a esse ideal, ainda mais no contexto de reação a dom Pedro I e de radicalização das lutas políticas e sociais.

As constantes interferências e pressões exercidas pelas nações européias ou seus súditos sobre o governo brasileiro acendiam sempre o furor xenófobo dos exaltados. Como principal potência mundial da época, responsável inclusive por diversas ações de ingerência sobre o Brasil, a Inglaterra era o país mais visado nesse caso. Tanto que, por conta de uma dessas intervenções — um incidente diplomático em que o governo britânico exigia do brasileiro uma indenização pelo apresamento de embarcações inglesas durante a guerra da Cisplatina —, Ezequiel chegou a propor uma série de medidas nada prudentes em represália:

> *(...) aproveitemos a ocasião de acabar com os ruinosos tratados feitos com os flibusteiros modernos (...). Também deve o Governo pedir a Buenos Aires e Montevidéu socorro de tropas para repelir a ferro e fogo a pirataria inglesa; pois é melhor pedir a bons vizinhos do que sofrer a estranhos atrevidos. Deve mesmo o Governo, se for preciso, propor aos Estados Unidos, à França e Rússia o pagarem unicamente 10% de entrada por direitos de Alfândega, contanto que nos ajudem a repelir as insolências inglesas. Ao mesmo tempo se deve mandar preparar brulotes e foguetes de Congreve, e a máquina Torpedon (...). Também pode e deve o Governo na forma dos tratados fazer com que os ingleses paguem na Alfândega 15% em* **moeda forte**, *visto que, quando se fez o tratado dos 15%, tanto valiam as notas como a prata (...). Deve ordenar quanto antes às Províncias todas que, se o governo inglês as insultar, armem-se todas sem exceção e os repilam a ferro e fogo (...). Acabe-se para sempre relações com Inglaterra, que nos quer roubar e trair (...). Quando há desaforos estrangeiros, se unem as rivalidades nacionais.*[79]

Sempre que incidentes assim ocorriam, a culpa recaía sobre o governo, acusado de ser subserviente às potências estrangeiras e aos súditos desses países residentes no Brasil. E não apenas os ingleses eram alvos da xenofobia exaltada. Quando, em setembro de 1830, alguns franceses invadiram e roubaram a propriedade do então deputado e futuro ministro Manuel José de Sousa França, Ezequiel fez grande alarde em torno do caso, afirmando que isto não teria ocorrido "*se os Estrangeiros vissem que o Governo nos protegia, que nos dava consideração, que nos não olhava como Nação conquistada, procurando apoiar-se em mercenários batalhões estrangeiros, como que temos Nacionais; se eles não vissem que o governo procura abafar a Nacionalidade e o nome de Pátria nos corações dos Brasileiros*". Diante da omissão do governo, incitava os brasileiros primeiro a boicotar os produtos franceses, lançando-lhes um apelo indignado: "*e ainda lhes compramos fazendas, e ainda nos vestimos à francesa!!!... Oh, vergonha! Que Brasileiro vil, sevandija e abjeto será aquele que de hoje em diante comprar uma fita, um fio de linha a uma loja francesa?*", e por fim a pegar em armas para desafrontar a honra ofendida: "*às armas, irmãos, a ofensa é comum, seja comum a vingança*", chamando de "*covardes*" aqueles que preferiam esperar por providências do governo.[80]

Esses pequenos atritos entre brasileiros e estrangeiros, freqüentemente observados nas ruas da corte, acirravam ainda mais os ânimos, alimentando os sentimentos xenófobos, não só dos exaltados, mas também de boa parte da população. A situação era mais grave em relação aos portugueses, qualificação que, para além da nacionalidade, tinha a ver com a posição política. O antilusitanismo era elemento importante da cultura política brasileira, largamente explorado pelos exaltados. Associados ao absolutismo, à alta do custo de vida e à disputa no mercado de trabalho, os portugueses sofreram forte perseguição, retribuindo na mesma moeda aos brasileiros, a quem chamavam, na metáfora racial da época, de *cabras* ou *pés-de-cabra*, em troca da alcunha de *chumbos* ou *pés-de-chumbo*. Os conflitos eram então inevitáveis e se sucediam violentamente nas ruas da cidade. As célebres Noites das Garrafadas, em março de 1831, foram o clímax desse processo, que, todavia, não se arrefeceu após a Abdicação. O próprio governo, em particular o de Pedro I, era tido pelos exaltados como dominado pelos lusitanos, sob as diretrizes do *gabinete secreto*, chefiado pelo Chalaça. Havia de fato uma estreita ligação entre o imperador e os burocratas e comerciantes lusos, vistos como favorecidos na concessão de honrarias e títulos de nobreza e no preenchimento dos cargos públicos, sobretudo nos postos de confiança e de comando das forças armadas e na composição dos ministérios. É significativo que cerca de 53% dos ministros durante o Primeiro Reinado eram burocratas civis ou principalmente militares, e que muitos deles (20%) estavam mais vinculados a atividades comerciais — dominadas pelos portugueses — do que em qualquer outro período do Império.[81] Além disso, já se viu que a grande maioria dos generais do Exército era composta de portugueses.

Procediam, portanto, as críticas dos exaltados à ampla presença, em detrimento dos brasileiros, de estrangeiros, sobretudo portugueses, nos cargos públicos, especialmente os de instância política ou militar. Conforme alertava a *Nova Luz Brasileira*, "*parece imprudência;* ***ou talvez manobra clandestina****, pôr estas gentes Portuguesas e Estrangeiros de posse do comando de tropas e de cargos de grande influência. Se formos a contar na Marinha e Exército acharemos sempre preferidos Estrangeiros e Portugueses* (...). *A experiência tem mostrado que eles nos cargos públicos fazem aparecer uma certa aversão aos Brasileiros natos*".[82]

Por ocasião do conflito das Garrafadas, a lusofobia de Ezequiel chegou ao auge. Acusava os portugueses de provocar todo o distúrbio, ao promoverem acintosamente os festejos em glória ao imperador, ao darem vivas a Portugal, à Constituição sem reformas e ao imperador absoluto, e, finalmente, ao insultarem e atacarem os patriotas brasileiros, atirando sobre eles garrafas, jarros e balas. Para Ezequiel, tudo seria parte de uma trama absolutista, de um golpe de Estado, orquestrado pelo gabinete secreto e pela sociedade secreta Colunas do Trono e do Altar, que, com a ajuda da Polícia, "*resolveram armar a portuguesada para derrubar a Constituição, e isto sob o pretexto de se oporem à federação*". Ante a gravidade da situação, Ezequiel chamava os cidadãos de todo o Império "*às armas para sustentar a Constituição*", concitando-os a formarem milícias cívicas, a fim de "*derrubar de um golpe a influência portuguesa*".[83]

Por conta desse seu xenofobismo e também de sua concepção de cidadania é que, mesmo defendendo o fim gradual da escravidão, Ezequiel não cogitava a imigração estrangeira como forma de substituição da mão-de-obra escrava. Preferia valorizar o trabalhador nacional, não só para evitar maior dependência em relação ao estrangeiro, mas também para melhor integrar, via posse e exploração da terra, o homem pobre do campo no âmbito da cidadania. Em seu entender, a imigração causaria graves prejuízos à economia do país, já que os colonos viriam apenas com a finalidade de explorar ao máximo para si as riquezas nacionais: "*O Europeu julga que o Brasil tem a árvore que dá patacas; crê que o brasileiro é inferior a um Europeu qualquer; e não sai das suas Europas senão com o intento de breve tornar a ela com o dinheiro que puder pilhar. Disto nasce a muita falta de moeda que sentimos, a falta de capital e indústria que observamos, e a espantosa pobreza em que vimos caindo*". Desta forma, Ezequiel concordava, no máximo, com a entrada controlada de estrangeiros no país, não devendo o governo permitir a imigração "*mais do que para certos lugares, dentro de um número dado, e com escolha cautelosa sobre o préstimo e moralidade ou riqueza*".[84]

Ao longo destes dois primeiros capítulos, observamos os aspectos principais do projeto político produzido por Ezequiel Corrêa dos Santos nas páginas da *Nova Luz Brasileira.* Projeto não só profundamente distinto do que propunham as demais facções políticas da época, mas também que constitui a forma mais desenvolvida e mais radical do pensamento exaltado na capital do Império. Projeto, portanto, que, entre outras medidas, pregava um governo constitucional-representativo republicano e federalista (sem Poder Moderador, Conselho de Estado e Senado vitalício), a separação entre Igreja e Estado, a ampla liberdade de expressão, de culto e de participação, a soberania do povo, uma igualdade não só jurídica, mas também social, a extinção da nobreza aristocrática, a melhoria das condições de vida da população pobre, a extensão da cidadania plena a todos os indivíduos livres (independentemente de renda, instrução, sexo e etnia), a reforma agrária, a emancipação gradual da escravidão (via ventre livre), o fim da discriminação racial, um nacionalismo xenófobo e antilusitano, e a valorização e o emprego da mão-de-obra nacional, bem como a necessidade de uma revolução redentora para atingir esses objetivos.

Pode-se assim dizer que Ezequiel era um autêntico representante, na corte, do pensamento político jacobinista de extrema-esquerda — o liberalismo radical —, que buscava conjugar princípios liberais clássicos com ideais democráticos, sem dispensar o recurso a práticas autoritárias. Seu projeto político combinava elementos diversos, que, no tocante às suas matrizes externas, podem ser sinteticamente representados pelas três palavras-chave que compunham o lema da Revolução Francesa: a *liberdade* foi a principal contribuição extraída de Locke; a *igualdade*, em seu sentido social, uma apropriação de Rousseau; e a *fraternidade*, se a identificarmos à idéia similar de *virtude* (igualmente cara aos revolucionários franceses), uma noção oriunda de Montesquieu. Da apropriação original desses elementos, no contexto das lutas políticas e sociais do Império, emergiam o discurso e a ação de Ezequiel no espaço público da corte.

O rebelde das ruas

Ezequiel não era apenas um panfletário doutrinário, embora esta tenha sido, sem dúvida, a atividade política em que mais se destacou. Aproveitou também os momentos mais agudos da crise para tentar pôr em prática aquilo que tanto pregava nas páginas da *Nova Luz Brasileira*: a tão falada revolução, único meio que, naquelas circunstâncias críticas, acreditava restar para a consecução de seu projeto político.

É sabido que o final do Primeiro Reinado, e principalmente o período regencial (1831-40), foram uma das épocas política e socialmente mais conturbadas, se não a mais, de toda a história do Brasil. O que pouco se fala é que essa agitação não ficou restrita às províncias, tampouco se resumiu às grandes revoltas da segunda metade da década de 1830 (Cabanagem no Pará, Farroupilha no Rio Grande do Sul e Santa Catarina, Sabinada na Bahia, Balaiada no Maranhão e Piauí, e, quando muito, o Levante dos Malês, também na Bahia, e, ainda na primeira metade, a Guerra dos Cabanos em Pernambuco e Alagoas). Uma série de outros movimentos semelhantes, de menores proporções, mas muito mais freqüentes e disseminados por todo o país, abalou igualmente o Império nos cinco primeiros anos da década, e a corte não ficou imune a essa onda inicial de levantes. De 1831 a 1833, a capital do Império foi sacudida por nada menos que 10 diferentes movimentos de protesto e revolta: cinco em 1831 (as Noites das Garrafadas, entre os dias 11 e 16 de março, em plena agonia do Primeiro Reinado; a chamada Revolução do 7 de Abril, que levou à abdicação de dom Pedro I; a revolta do povo e tropa, de 12 a 20 de julho; o distúrbio do Teatro São Pedro de Alcântara, nos dias 28 e 29 de setembro; e o levante dos marinheiros da ilha das Cobras, em 6 e 7 de outubro), quatro em 1832 (as revoltas dos dias 3 e 17 de abril; e as manifestações de protesto dos dias 12 e 25 de setembro) e um em 1833 (o distúrbio de 16 de dezembro).

Ezequiel teve participação ativa nos dois maiores desses movimentos, a Revolução do 7 de Abril e a revolta do povo e tropa, de julho de 1831, que mobilizaram, cada um deles, cerca de 4 mil manifestantes, número bastante expressivo para a época, como adiante veremos. A ocorrência de tantos movimentos em tão curto espaço de tempo, com o concurso de tantas pessoas das mais variadas condições sociais, constitui inequívoca evidência de um fenômeno que vinha se processando naqueles tempos: a politização das ruas. É o momento em que a política se desvencilha da obscuridade dos corredores palacianos e dos estreitos círculos institucionais do poder para tornar-se de fato pública, enquanto expressão de uma nova cultura política, fundamentada nos valores liberais, e da emergência de uma incipiente porém ativa esfera pública, onde se desenvolviam mecanismos informais de sociabilidade e de ação políticas. Os movimentos contestatórios de rua eram, então, um desses mecanismos.

Desde fins de 1830, as ruas da corte achavam-se em estado de agitação e tensão. A vaga revolucionária que varria então a Europa — sobretudo a revolução que pôs fim ao reinado "absolutista" de Carlos X, na França — foi recebida com grande entusiasmo pelos liberais brasileiros, que, velada ou abertamente, procuravam identificar dom Pedro ao rei francês deposto. O assassinato, em São Paulo, do jornalista de oposição Líbero Badaró, a 20 de novembro, fez com que a situação se agravasse, ainda mais com os boatos (ao que parece infundados) de envolvimento do imperador com o suposto mandante do crime, o ouvidor Cândido Japiaçu, que, para piorar, acabaria absolvido no processo criminal a que foi submetido. Encorajadas pelos acontecimentos, a Câmara dos Deputados e a imprensa liberal (lembremos que moderados e exaltados encontravam-se então unidos na oposição) aproveitaram o momento para instigar a opinião pública e acirrar as críticas ao governo, no intuito de assim desestabilizá-lo. Ao mesmo tempo, crescia o clamor pela implementação de reformas constitucionais, como o federalismo, que limitassem os poderes do imperador.

Assim, ao iniciar-se o ano de 1831, as perspectivas não eram nada animadoras para dom Pedro. Até porque ele, que outrora se esmerara tanto para controlar o espaço público, já se via agora de certa forma impotente diante da agitação que transbordava para as ruas. Carl Seidler, oficial alemão que então estivera a serviço do Exército brasileiro, relata que naqueles dias, negros e mulatos, em grupos de 30 a 50 indivíduos, brandindo cacetes e facas, percorriâm à noite as ruas da capital, dando gritos de *viva a liberdade americana* e mesmo de *viva a república*, e interpelando de maneira ameaçadora os transeuntes — de preferência portugueses — com a pergunta: quem viva? "Ai de quem respondesse: 'Dom Pedro I'. O infeliz seria incontinenti morto."[85] Enquanto os moderados mantinham-se apreensivos diante dessas ações, temendo a agitação popular, os exaltados buscavam aproximar-se desses setores e das tropas, a fim de se colocarem à frente do movimento das ruas e assim, quem sabe, de uma eventual revolução.

A situação ficou mais tensa com a viagem de dom Pedro a Minas Gerais, foco de agitações federalistas que o imperador em vão imaginava conter. Corriam rumores de que estava em curso um golpe absolutista, visando ao fechamento do Parlamento e dos jornais de oposição. A *Proclamação aos mineiros*, na qual dom Pedro atacava os clamores federalistas exaltados, denunciando a existência de um partido desorganizador, parecia confirmar as suspeitas de golpe; provocou, assim, grande alarde nos órgãos da imprensa liberal — entre eles a *Nova Luz Brasileira* —, que àquela altura já se sentiam fortalecidos o bastante para acusar abertamente de ilegal, inconstitucional e até criminoso o manifesto.

Nesse clima de forte animosidade é que se daria, então, o episódio das Noites das Garrafadas. Para comemorar a volta do imperador à corte, comerciantes portugueses organizaram uma grande festa, iniciada na noite de 11 de março, na área compreendida entre as atuais ruas Miguel Couto, Primeiro de Março,

Teófilo Otoni e da Quitanda; era a chamada Cidadela Portuguesa, onde bandas de música, luminárias, fogueiras, girândolas e colchas ou lençóis nas cores nacionais, estendidos nas sacadas das janelas, animavam os pedristas, partidários do imperador. Os brasileiros viram os festejos como uma ofensa à nacionalidade. Assim, não demorou para que tivesse início o conflito. Insultos, pancadarias e quebra-quebras marcaram as cenas de violência de ambos os lados, com direito a tiros, golpes de chuços (vara com uma espécie de aguilhão na ponta) e a famosa chuva de garrafas atiradas do alto dos sobrados pelos portugueses sobre os brasileiros que lutavam na rua. O distúrbio estendeu-se até o dia 16, envolvendo várias centenas de pessoas de todas as condições sociais, reunidas em grupos bem demarcados, que se movimentavam por toda a zona de luta, dispersando-se e reagrupando-se sucessivamente. Divergências políticas, conflitos de nacionalidade, enfrentamentos étnicos e disputas pelo mercado de trabalho convergiam, assim, em um mesmo movimento.

Daí em diante, os acontecimentos se sucederam rapidamente. Já no dia 17, 23 deputados e um senador reuniram-se na casa do padre Custódio Dias para redigir uma enérgica representação ao imperador, em que cobravam a punição exemplar dos portugueses beligerantes e exigiam a imediata adoção de medidas que correspondessem aos anseios dos brasileiros, alertando, por fim, que a ordem pública e o próprio trono estavam seriamente ameaçados. Os moderados afinal decidiram compactuar com os exaltados nas tramas para destituir dom Pedro; enquanto tratavam das articulações no Parlamento, seus aliados radicais cuidavam das ruas. A agitação, então, tomou conta de vez da cidade, embalada pelos incitamentos sediciosos que, a exemplo da *Nova Luz Brasileira* (como visto no final do capítulo anterior), faziam já sem meias palavras as folhas de oposição. Ajuntamentos públicos e confrontos de rua sucediam-se a cada dia, em meio a boatos, desencontrados mas plausíveis, de que estaria em curso um golpe ou uma revolução.

Na geopolítica da cidade, enquanto os pedristas ainda tentavam se guarnecer na Cidadela Portuguesa, outros pontos, como as atuais Esplanada do Castelo, praça Quinze de Novembro e rua Visconde de Maranguape, serviam como núcleos de reunião dos exaltados. Nesta última, não por acaso estava situada a botica de Ezequiel, que, para além de suas finalidades profissionais, funcionava também como um conhecido centro de sociabilidade política dos exaltados. Naqueles dias decisivos de intensa agitação popular, o estabelecimento farmacêutico da antiga rua das Mangueiras deve ter fervilhado como nunca! Ezequiel via-se, assim, cada vez mais dividido entre suas atividades políticas e profissionais na botica, a redação da *Nova Luz Brasileira* e a militância nas ruas.

Nas comemorações pelo aniversário da Constituição, a 25 de março, dom Pedro pôde perceber muito claramente o grau de descontentamento de seus súditos. Primeiro, quando assistia à parada militar, no campo de Santana, ouviu provocações de um grupo de cerca de 40 indivíduos que davam vivas à Constituição, à Independência e ao imperador *enquanto constitucional*. Depois, não foi convidado para o *Te Deum* realizado numa igreja de São Francisco de Paula repleta de liberais (entre eles, Ezequiel); e, comparecendo assim mesmo, assistiu constrangido à oração de ação de graças proferida por frei Monte Alverne, cheia de mensagens críticas ao despotismo e apologias à liberdade. E, no primeiro dia de abril, integrantes de uma procissão que passava em frente ao Paço Imperial se recusaram a tirar os chapéus em reverência a dom Pedro, que a tudo observava de uma sacada do palácio. Não havia mais sequer o devido respeito à figura do imperador.

Naquele mesmo dia e nos que se seguiram, ajuntamentos e tumultos continuaram a registrar-se nas ruas da corte. A essa altura, já eram flagrantes as ligações dos exaltados com as tropas: freqüentavam abertamente os quartéis e chegaram a ficar algumas noites de prontidão em frente ao Arsenal de Guerra, para obstar qualquer investida da *caxeirada portuguesa*, fazendo, neste ínterim, discursos inflamados contra o governo e seus asseclas. Segundo testemunhou John Armitage, negociante inglês que esteve no Brasil entre 1828 e 1835, os conspiradores distribuíam "publicações incendiárias" entre os soldados, que, "sendo pela maior parte homens de cor, imbuídos de fortes prejuízos contra os portugueses, não resistiram à sedução".[86] Enquanto isso, os moderados entretinham conversações com a alta cúpula militar, tentando persuadi-los a aderir ao movimento.

As coisas andavam neste pé quando, na noite do dia 5, a pretexto de não conseguirem restabelecer a ordem pública, foram demitidos o comandante de polícia e o chamado Ministério dos Brasileiros, nomeados a 20 de março por dom Pedro para atender à representação dos 24 parlamentares, feita logo após as Garrafadas. Foi a gota d'água para todos os que se opunham ao *impolítico* governo de Sua Majestade Imperial.

Já por volta das 11 horas da manhã do dia 6, uma multidão revoltada começa a se aglomerar no campo de Santana, palco habitual de manifestações públicas da cidade. Para lá afluía gente de todas as cores e condições sociais, de ilustres representantes do povo (como os deputados moderados Odorico Mendes, Custódio Dias e Vieira Souto) a escravos de mais baixa ralé, passando por funcionários públicos, profissionais liberais, comerciantes, caixeiros, artesãos, vendedores ambulantes e tantos outros; todos dispostos a não mais acatar as arbitrariedades e até mesmo a própria pessoa do imperador. No meio da multidão indistinta, proferindo palavras de ordem e procurando coordenar a ação, era possível ver Ezequiel, com sua casaca de algodão da terra, seu chapéu de palha adornado com o tope nacional (o laço verde-amarelo dos tempos da Independência, agora retomado) e uma sempre-viva na lapela; trajes tipicamente exaltados, que expressavam seus ideais de incentivo à produção nacional e que lhes valeram, todavia, a alcunha de farroupilhas. No protesto o acompanhavam seus colegas Francisco das Chagas de Oliveira França e Antônio Borges da Fonseca, redatores, respectivamente, de *O Tribuno do Povo* e *O Repúblico*, assim como seu colaborador, João Baptista de Queiroz (que em breve viria a redigir *O Jurujuba dos Farroupilhas* e depois *A Matraca dos Farroupilhas*), e os tipógrafos responsáveis pela impressão da *Nova Luz Brasileira*.

A todo instante rompem discursos incendiários, e vivas são dados à Constituição e à Independência do Brasil, como se estivessem ameaçadas por dom Pedro. As circunstâncias favoreciam a proliferação de boatos aterradores, falando em golpe de Estado, suspensão das garantias, prisão de senadores e morte de deputados, aumentando a tensão entre os manifestantes. Crescia, assim, a disposição para o rompimento definitivo com o imperador, embora ainda pairasse a possibilidade de que a reintegração do ministério deposto remediasse a situação. A cidade achava-se já em completa desordem, com bandos armados percorrendo as praças e ruas, espalhando o clima de revolta, forçando o comércio a fechar suas portas e os pedristas a refugiarem-se apressados em suas casas. Lá pelas três horas da tarde, vários juízes de paz juntam-se ao protesto, e em seguida o comandante das Armas da Corte, general Francisco de Lima e Silva, envia à Quinta da Boa Vista o major Miguel de Frias e Vasconcellos — notório militante exaltado — para dar parte dos acontecimentos a dom Pedro. Este, enquanto isso, já emitira uma proclamação, lida aos manifestantes no campo pelo juiz de paz Custódio Xavier de Barros, na qual o imperador afirmava não haver motivo para desconfianças contra sua pessoa, assegurava ser verdadeiramente constitucional e pedia aos brasileiros que confiassem nele e no novo ministério, prestando obediência às leis e às autoridades constituídas. No entanto, antes que a leitura fosse concluída, a proclamação foi arrancada e rasgada pelos manifestantes, indignados com a insistência de dom Pedro em não atender à vontade soberana do povo. O movimento então se radicaliza, e logo surgem gritos — capitaneados pelo grupo de Ezequiel — de morra o imperador e viva a Federação e a República, ao mesmo tempo em que outros vivas — puxados pelos moderados — são dados a dom Pedro II. Por trás da aparente unidade da manifestação, aspirações diversas afloravam, disputando a aceitação da multidão.

Por volta das cinco e meia da tarde, uma delegação de três juízes de paz é enviada ao Paço de São Cristóvão, levando uma representação na qual se exigia a reintegração do ministério deposto. Defendendo seu direito constitucional de nomear e demitir livremente os ministros, dom Pedro recusa-se novamente a ceder, respondendo que era mais constitucional que qualquer brasileiro nato e que "se o povo não me acredita, eu não acredito no povo; tudo para o povo e nada do povo". Já eram sete horas da noite quando os juízes de paz voltaram para o campo, e, ao relatarem o que lhes dissera o imperador, romperam gritos de "morra o traidor! Está descoberta a traição! Às armas, cidadãos!".[87] Vieira Souto e Odorico Mendes dirigem-se, então, ao general Lima e Silva para comunicar-lhe a firme resolução dos manifestantes de ir às últimas conseqüências para obter o que desejavam, acrescentando que esperavam a mesma disposição dele e de suas tropas. Embora fosse favorável ao movimento, por via das dúvidas Lima e Silva resolve ir pessoalmente à Quinta, com seu Estado-Maior, para sondar as intenções do imperador e ver se o convencia da gravidade da situação. Dom Pedro mais uma vez foi inflexível, parecendo não acreditar na amplitude do movimento e na disposição dos manifestantes.

As tropas, todavia, já estavam envolvidas com os exaltados, de modo que esperavam apenas a ocasião oportuna para se sublevarem. Insufladas por grupos que durante todo o dia promoviam pequenos comícios na frente dos quartéis, falando do papel sublime a que estariam destinadas a cumprir naquele momento, não esperaram pela decisão do comandante e começaram a marchar por conta própria para o centro dos acontecimentos. Os primeiros a chegar são o 1º e o 2º corpos de Artilharia de Posição, comandados pelo brigadeiro Francisco de Paula Vasconcellos. Logo se juntam a eles o 1º Batalhão de Granadeiros, três batalhões de Caçadores e o corpo de Artilharia de Marinha. Dois batalhões improvisados de civis, dirigidos por oficiais, também vieram se reunir aos manifestantes. Armas trazidas dos quartéis vizinhos são entre eles distribuídas. Por volta das 11 horas da noite, aderem ao movimento, vindos da Boa Vista, a Artilharia Montada e o Batalhão do Imperador, comandado por Manoel da Fonseca Lima e Silva, que vinha acompanhado de um de seus irmãos, José Joaquim, ajudante de campo do imperador.

Ao ver a movimentação das tropas, o terceiro dos irmãos Lima e Silva, Francisco, despacha outra vez Miguel de Frias para São Cristóvão, em um último esforço para convencer o imperador. Este cede apenas em parte, concordando em demitir o ministério que nomeara no dia 5, mas se recusa a reintegrar o anterior. Escolhe para formar o novo gabinete o senador Nicolau Vergueiro, que, no entanto, não é localizado. Após aguardar por algum tempo, o major Frias avisa ao imperador que não poderia mais esperar, pois sua demora em retornar ao campo seria vista com suspeição e, nesse caso, nada mais iria conter a multidão. Dom Pedro é então informado de que as últimas unidades militares que ainda se mantinham fiéis a ele — a Guarda de Honra e uma bateria de Artilharia — acabaram de abandonar o palácio para se juntar aos rebeldes.

A seu lado restaram apenas a imperatriz, os ministros, o conde do Rio Pardo e os representantes diplomáticos Aston e Pontois, da Inglaterra e da França. Vendo-se completamente isolado e ciente de que ceder naquele momento não iria salvar-lhe a coroa e somente abriria espaço para maiores exigências, dom Pedro decide, afinal, tomar a única atitude que talvez lhe restasse àquela altura: abdicar em favor de seu filho, Pedro de Alcântara, de apenas cinco anos de idade. Por volta das três horas da manhã do dia 7, a carta de abdicação era entregue ao major Frias, para ser comunicada aos manifestantes.

Pode-se bem imaginar, em vista de toda a tensão represada, o quanto a notícia foi aclamada. A alegria tomou conta do campo de Santana e espraiou-se pela cidade, quando, ao amanhecer, distribuíram-se cópias impressas do decreto. Em meio à festa, uns recitavam versos patrióticos, outros entoavam hinos cívicos, e em toda parte davam-se vivas a dom Pedro II, *imperador constitucional do Brasil*. Tamanha era a euforia pela vitória, que pareciam esquecidos os gritos exaltados de outrora, dando vivas à república. Ainda pela manhã, os parlamentares que se achavam na corte reuniram-se em Assembléia Geral extraordinária para instituir uma Regência Trina Provisória, recaindo a escolha em Francisco de Lima e Silva, Nicolau de Campos Vergueiro e José Carneiro de Campos (o marquês de Caravelas). No entanto, povo e tropa não arredaram o pé do campo, nem mesmo após a partida do ex-imperador para a Europa, já no dia 13. Ali permaneceram, confraternizando-se, até o dia 15, quando celebrou-se, na igreja de São Francisco de Paula, um solene *Te Deum*, e uma parada cívica marcou a retirada triunfal, em direção à igreja, dos aclamados patriotas, levando flores e folhas verde-amarelas. À frente do cortejo, precedidos pelo regente Lima e Silva, vinham os oficiais, desarmados e de braços dados com os paisanos, em sinal de unanimidade de sentimentos, enquanto os juízes de paz a tudo assistiam, laureados com coroas cívicas ao ombro esquerdo. Naqueles dias, como observou Carl Seidler com certa ironia, todos "contavam uns aos outros coisas do heroísmo brasileiro, do amor à liberdade e do 'espírito nacional que atingia as estrelas'. Não havia na terra povo mais enérgico, mais grandioso;

todo mulato esfarrapado imaginava que era príncipe, porque a seu ver o nobilitava o 'eu sou brasileiro verdadeiro'".[88]

De fato, para os mais diversos participantes daquele evento, a Abdicação afigurava-se um acontecimento fundador, o advento de uma nova era ou, nos termos da época, uma verdadeira revolução, ao romper com um passado proscrito e inaugurar uma nova ordem. Uma revolução exemplar e única na história, porque feita com moderação, sem derramamento de sangue, mediante a união de todos os brasileiros verdadeiramente patriotas, e de forma a consagrar a liberdade no país. Uma revolução que, em consonância com o iluminismo ibérico mitigado, representava uma ruptura pacífica, sem deixar, todavia, de assinalar uma continuidade com os ideais da Independência de 1822. Tratava-se, assim, neste sentido ao mesmo tempo cíclico e linear de revolução, de uma autêntica "regeneração brasileira" (em alusão ao movimento vintista português).

Estes significados foram amplamente difundidos logo após a Abdicação, estando presentes nos jornais, nos panfletos, nos manifestos das autoridades e nas palavras dos cidadãos comuns. Embora a revolução que pregavam tivesse muito mais o sentido linear de ruptura (oriundo da Revolução Francesa) do que a noção astronômica cíclica de continuidade (herdeira da Ilustração) — até porque não desejavam apenas retomar o curso da Independência, e sim aprofundá-la, trilhando caminhos que nem sequer estiveram em pauta naquela ocasião —, os exaltados não viram problema em difundir, naquele momento de congraçamento, tais significados da Revolução do 7 de Abril, porém não deixaram de dar ênfase à ruptura radical que daí em diante deveria operar-se. Foi o que fez Ezequiel ao estampar, na primeira página de seu jornal, a notícia do movimento:

> *Abdicou o tirano; e nas mãos da Liberdade existe hoje o cetro de ouro, que o monstro havia convertido em virga-férrea. Os Brasileiros começam finalmente a possuir uma PÁTRIA; e o Brasil vai-se querendo situar na América Livre. Legisladores! É chegado o tempo de estabeleceres a nossa Liberdade sobre bases menos frágeis, mais filosóficas e justas do que essas que*

> *regem a oprimida Europa. Em vossas mãos está hoje a felicidade presente do Povo Brasileiro; e Ele espera dos seus escolhidos que se mostrem dignos da confiança que tem o Povo nos seus Representantes de 1831. (...) Seja de ora em diante o nosso norte e guia a* PÁTRIA BRASILEIRA: *sacrifiquemos por ela ódios, amor-próprio, orgulho e ambição; que só dessa arte veremos o Brasil chegado incólume e breve ao gozo tranqüilo da* LIBERDADE AMERICANA *(...). Viva a Nação Brasileira! Viva o senhor dom Pedro II, imperador constitucional dos brasileiros! (...) Viva o* GRANDE DIA 7 DE ABRIL *de 1831, e os mais dias de júbilo que lhe seguirem com o andar dos anos e dos séculos! Vivam os verdadeiros amigos da Liberdade Americana e Brasileira!*[89]

Este foi o primeiro número da *Nova Luz Brasileira* publicado desde o dia 29 de março, a única interrupção de mais de uma semana ocorrida ao longo de toda a sua carreira; isto "*porque o perigo da Pátria que adoramos nos forçou a pegar em armas com os Compositores da nossa Tipografia*", conforme justificou Ezequiel aos seus leitores ao retomar a publicação, atestando sua participação nas manifestações de rua que vinham se intensificando desde os últimos dias de março, culminando no movimento do 7 de Abril.

Grande era a expectativa não só de Ezequiel, mas dos exaltados em geral, com o tempo novo que parecia inaugurar-se. Nele depositaram inicialmente suas esperanças de afinal chegar ao poder, ainda que fosse para compartilhá-lo com os moderados. No entanto, bem diferente foi o rumo seguido pelos acontecimentos. Para começar, a composição da Regência Provisória já patenteava as ligações do governo instituído com os moderados. Estes logo se apossaram também dos cargos públicos dos mais variados escalões que entraram na redistribuição administrativa então realizada. Da mesma forma, o governo moderado não mostrava disposição para promover reformas além do âmbito político-administrativo, reformas que correspondessem, portanto, às pleiteadas pelos exaltados; relutavam até em aceitar de bom grado a descentralização. E, para piorar, não demorou muito a terem início as hostilidades entre as duas facções políticas.

É bem conhecida a frase de Teófilo Ottoni, o liberal histórico mineiro que então integrava as fileiras exaltadas, ao rememorar, anos depois, a desilusão e a frustração de seus companheiros com o movimento que ajudaram a promover: "O 7 de abril foi um verdadeiro *journée des dupes*. Projetado por homens de idéias liberais muito avançadas, jurado sobre o sangue dos Canecas e dos Ratclifs, o movimento tinha por fim o estabelecimento do governo do povo por si mesmo, na significação mais lata da palavra". E completava: "vi com pesar apoderarem-se os moderados do leme da revolução, eles que só na última hora tinham apelado conosco para o juízo de Deus".[90] Ezequiel também sentia-se logrado por aqueles mesmos que então só haviam aparecido no campo de Santana para dar uma de patriotas, "*depois do meio-dia seguinte, quando tudo estava feito*".[91]

Em face dessa situação, os últimos dias de abril e todo o mês de maio assistiram ao recomeço das agitações, sendo as ruas da corte palco de novas manifestações de protesto. Diversos ajuntamentos sucediam-se, então, em vários pontos da cidade, repetindo-se as cenas de pancadarias, quebra-quebras, ofensas e provocações feitas aos portugueses e aos moderados (e vice-versa). As antigas rivalidades não haviam sido esquecidas, e o desejo de revanche crescia a cada pequeno incidente. Também reavivaram-se com toda a força as demandas políticas deixadas de lado no calor da "vitória". Nos teatros, os espetáculos eram freqüentemente interrompidos por vaias, gritos e tumultos. Manifestantes espalhavam que havia um complô entre os açougueiros para aumentar o preço da carne, e que o governo pretendia aumentar o ágio do cobre, desvalorizando ainda mais a moeda, já comprometida pela falsificação constante, decorrente das sucessivas recunhagens. Outros davam gritos de morte aos lusos e pediam a expulsão dos *papeletas* (portugueses que, diferentemente dos *adotivos*, decidiram manter sua nacionalidade de origem após a Independência, atestada por meio de um certificado, ou papeleta, emitido pelo cônsul de Portugal). E não faltava ainda quem exigisse a dissolução da Câmara e a destituição da Regência.

Ezequiel parece não ter tomado parte nessas manifestações, pois se pronunciava contra elas na *Nova Luz Brasileira*. Afirmava que muitos tumultos eram provocados intencionalmente por "*Leões que vestem pele de ovelha*" (os portugueses e moderados), no intuito de utilizarem a desordem como pretexto para instaurar o despotismo, e aconselhava: "*sustentemos a tranqüilidade Pública e nos não importemos com miseráveis caixeiros, com estúpidos taberneiros, que são gentes que nos temem*". Lembrava, todavia, que "*os ajuntamentos tranqüilos para fins lícitos são atos louváveis e legais*" e que não deveria haver mais ajuntamentos, "*senão para irmos (se for preciso) como no dia 6 de abril arrancar tranqüilamente a pátria das garras de seus algozes*".[92]

A eleição dos membros da Regência Trina Permanente, realizada pela Assembléia Geral a 17 de junho, veio acirrar ainda mais os ânimos. Os novos regentes — os deputados José da Costa Carvalho e João Bráulio Muniz, além de Francisco de Lima e Silva, que permanecera no cargo — estavam também afinados com os moderados, como não poderia deixar de ser, uma vez que estes tinham ampla maioria no Congresso (sobretudo na Câmara), onde os exaltados eram fracamente representados. Ezequiel concordava com a escolha dos dois últimos regentes, mas discordava do primeiro, indicando em seu lugar João Pedro Maynard ou Manoel de Carvalho, na esperança de ter ao menos um regente identificado aos exaltados. O que mais o desagradou, contudo, foi a nomeação, a 6 de julho, de um dos principais líderes moderados, o padre Diogo Feijó, para ministro de Justiça, cargo da maior importância para os exaltados, por ser responsável pela manutenção da ordem pública; ainda mais devido à lei de 6 de junho, que criou a Guarda Municipal, proibiu ajuntamentos noturnos de cinco ou mais pessoas sem justificativa plausível, aumentou a pena para ajuntamentos ilícitos, suspendeu a fiança para crimes contra a ordem pública e reforçou a autoridade dos juízes de paz. É claro que se tratava de uma lei de cunho emergencial e político, visando combater a anarquia, mas como os distúrbios prosseguiram ao longo de junho e no início de julho, Feijó não titubeou em prontamente aplicá-la aos exaltados.

Desta forma, o congraçamento político inicial foi logo dando lugar, na imprensa exaltada, a um discurso cada vez mais crítico e hostil ao governo regencial, culminando (como visto no primeiro capítulo) com a retomada da propaganda revolucionária. Assim, a imprensa acompanhava de perto o movimento das ruas, por onde já circulavam fortes rumores, alardeando a eclosão iminente de uma revolução preparada pelos exaltados.

De fato, os boatos logo se confirmaram. Na noite de 12 de julho, sublevou-se o 26º Batalhão de Infantaria do Exército, comandado pelo major Liberato José e aquartelado no mosteiro de São Bento, em protesto contra os maus-tratos e os castigos corporais. A Guarda Municipal imediatamente foi acionada para seu primeiro grande teste, reunindo-se mais de 600 cidadãos armados em volta do quartel. Ao se verem cercadas, as tropas opuseram pouca resistência, concordando na rendição desde que não houvesse represália, o que foi aceito mediante o acordo de que a unidade seria transferida para sua província de origem, a Bahia. Além disso, foi destituído do comando o major Liberato José, que aparentemente teria se oposto ao motim. O embarque se efetuaria no dia 14. Mas sabia o governo o quanto seria difícil, neste ínterim, manter sob controle todo um batalhão de homens alvoroçados, muito mais bem armados do que os guardas municipais ou os policiais militares. Por esta razão, enquanto faziam-se os preparativos para a viagem, tomou a Regência a decisão nada prudente de dividir o batalhão rebelde em pequenas unidades para empregá-las na vigilância de alguns pontos da cidade na noite do dia 13. Com isso, os soldados amotinados entraram em contato e trocaram idéias com os policiais militares responsáveis pelo patrulhamento noturno regular da cidade. Na tarde seguinte, já pairavam suspeitas de que houvesse um plano, tramado pelos soldados daquela unidade e por policiais em ronda na noite anterior, para impedir a partida dos primeiros. Todavia, o embarque do 26º Batalhão, embora tumultuado, acabou ocorrendo sem maiores problemas.

O governo, no entanto, mal teve tempo de respirar aliviado. À noite, rebelaram-se a 1ª e a 2ª companhias de polícia, respectivamente comandadas pelo major Reis Alpoim e pelo capitão Feliciano Firmo Monteiro (que parecem não ter aderido ao levante). Avisado por estes, o comandante militar da corte, José Joaquim de Lima e Silva, notificou a Regência, que determinou a imediata convocação do Exército, com o objetivo de cercar o quartel onde estavam os rebeldes (na atual rua Marcílio Dias) e forçá-los a se entregar.

As tropas reuniram-se no que é hoje a praça Tiradentes e ali ficaram durante algum tempo esperando a ordem para marchar sobre o quartel. Neste ínterim, foram assediadas por vários cidadãos *exaltados* que se dirigiram até o local, procurando insuflar os soldados. Nada de estranho havia nisso, uma vez que, como visto, já eram antigas as relações entre as tropas e os exaltados. Estes aproveitaram, então, para falar da situação em que se achava a polícia e da disposição arbitrária da Regência para aplicar a força contra os rebeldes. Logo romperam gritos sediciosos contra o governo, exigindo a união com os corpos de polícia amotinados, o desembarque do 26º Batalhão, a libertação de alguns soldados presos, o fim dos castigos corporais nos meios militares e a deposição do comandante das Armas. Não faltou também quem pedisse a suspensão da legislatura em vigor, a convocação de uma Assembléia Constituinte, a destituição da Regência e a expulsão dos portugueses.

Alguns dos soldados presos foram soltos, e logo as tropas do Exército — já fora do controle de seus comandantes — uniram-se aos policiais rebelados. Atendendo à solicitação do comandante das Armas — que com isso pretendia afastar os soldados do centro da cidade e daqueles que os assediavam, para assim ganhar tempo e acalmar os ânimos —, dirigiram-se todos para o campo de Santana, verificando-se vários tumultos no caminho, com brigas, tiros, depredações e pilhagens, que continuaram a ocorrer no campo. Aí postaram-se, permanecendo por toda a madrugada, com o ingresso crescente de cidadãos. Na manhã do dia 15, a multidão já atingia as mesmas dimensões do movimento do 7 de Abril, reunindo cerca de 4 mil manifestantes, entre civis e militares. Para se ter idéia do que isto representava em termos dos 120 mil habitantes da corte (3,33%), basta dizer que corresponderia hoje a um movimento que reunisse em praça pública aproximadamente 195 mil pessoas, de acordo com a população da cidade estimada pelo censo de 2000 (5.850.544 habitantes); e isto sem levar em conta alguns elementos cruciais, que dificultavam a mobilização naquela época, como a precariedade do sistema de transportes e a difusão mais limitada de idéias em uma cultura marcada pela oralidade.

Não se sabe exatamente se Ezequiel já estava entre aqueles primeiros exaltados que assediaram as tropas ainda na praça Tiradentes. O certo é que se encontrava na mobilização do campo de Santana, provavelmente vestido, como de hábito, à moda farroupilha. Logo se tornou uma das figuras proeminentes no movimento, ao lado do redator de *O Tribuno do Povo*, proferindo discursos inflamados contra o governo e a Assembléia, protestando contra a tirania, falando em defesa dos direitos dos soldados, que não deviam ser tratados como escravos, e puxando o coro em favor da convocação de uma Assembléia Constituinte para a realização das reformas, e da expulsão dos portugueses e de todos os inimigos da *liberdade brasileira*. Foi também um dos organizadores de uma polêmica representação do povo e tropa, feita naquela ocasião à Regência, contendo o objeto final das reivindicações:

> *Senhor.*
>
> *O Povo e Tropa desta Capital do Rio de Janeiro é de novo reunido para pedir a expulsão para fora do Império dos acérrimos inimigos da Nação Brasileira, que tantos males lhe hão causado e que são incansáveis em tramar solapadamente a sua ruína. Convém pois, Senhor, que tais homens nocivos ao nosso bem-estar não continuem a viver no meio de nós.*
>
> *O Povo e Tropa desta Capital, incansável pelo bem da sua Pátria, tem a honra de apresentar a lista dos inimigos da Nação Brasileira, sua Independência e Constituição; e espera que sejam quanto antes apartados para longe de nós, a fim de que jamais possam perturbar a nossa tranqüilidade.*
>
> *O Povo e Tropa, Senhor, desejam não largar as armas da mão, sem o cumprimento de seu pedido; protestando a obediência devida às Autoridades Constitucionais que os regem. Campo da Honra, 14 de Julho de 1831.*

Em uma versão da petição divulgada na *Nova Luz Brasileira* por um missivista anônimo que diz ter assinado a mesma, consta, ao final do texto, o seguinte acréscimo: "E que sejam suspensos dos seus empregos todos os empregados que se têm mostrado inimigos das instituições livres: outrossim, que se não admita a ordinária imigração portuguesa por tempo de 10 anos". Na versão publicada em outros jornais, todavia, não se encontra esse trecho. Uma explicação possível é que tenha originariamente feito parte do texto, sendo depois suprimido da versão final encaminhada ao governo. No entanto, como o documento original não foi localizado, fica a dúvida.

Seja como for, acompanhava a representação a lista com os nomes das 89 pessoas que deveriam ser banidas do país, incluindo vários titulares do Império — como os marqueses de Paranaguá, Baependi, Aracati, Santo Amaro e Maceió, os condes do Rio Pardo e de Lages, os viscondes da Praia Grande, de Alcântara e Laguna, e o barão do Rio da Prata — e algumas personalidades políticas — como José Clemente Pereira, Fernando Carneiro Leão e Candido Japiaçu —, além de muitos portugueses, militares e clérigos de menor renome. O mais interessante, todavia, era a relação dos signatários da petição: nada menos que 441 pessoas, entre civis e militares, incluindo os redatores dos principais periódicos exaltados, Francisco das Chagas de Oliveira França, Silverio Mariano Quevêdo de Lacerda, Marcelino Pinto Ribeiro Duarte e, é claro, Ezequiel Corrêa dos Santos, assim como outros publicistas a eles ligados, como Francisco Antonio Soares (o *Brasileiro Resoluto* dos tempos da Constituinte, participante da Confederação do Equador e autor de um folheto exaltado), Francisco Moniz Barreto (que então fazia parte da redação do *Diario do Rio de Janeiro* e de *O Correio da Câmara dos Deputados*) e Clemente José de Oliveira (futuro redator de *O Brazil Afflicto*, por conta do qual seria assassinado, em 1833, por um dos filhos do presidente da Regência). Assinaram também o documento vários conhecidos militantes exaltados das ruas da corte, como Juvêncio Pereira Ferreira (em cuja botica, na praça Tiradentes, teria sido redigida a petição), Joaquim Antonio de Macedo Tupinambá, Joaquim Manhães Tupinambá, Balbino José de França Ribeiro, Antonio Rodrigues Martins Júnior, Francisco do Rego Barros e José Maria Monteiro. Entre os signatários havia ainda diversos militares, comerciantes, profissionais liberais, funcionários públicos, padres, estudantes e, curiosamente, até um senador (Antônio Luís Pereira da Cunha, barão e depois marquês de Inhambupe), além de muitos outros cujas categorias socioprofissionais não foram identificadas.[93]

Feita a petição e encaminhada ao governo, a multidão começou a dispersar, já pela manhã adentro do dia 15, preparando-se as tropas para fazer o mesmo. Mas, estando a situação ainda conturbada, iniciou-se uma refrega, nas proximidades do campo, entre parte do Corpo de Polícia em debandada e militares do 3º Batalhão de Caçadores, resultando em algumas pessoas feridas e na morte de um soldado daquele batalhão, cujos demais componentes procuraram vingar-se, atacando os policiais. A muito custo, o comandante das Armas e alguns oficiais conseguiram conter as tropas, que em seguida resolveram voltar para seus respectivos quartéis. E o mesmo não demorou a fazer o Corpo de Polícia.

O pânico, todavia, já se instalara por toda a cidade desde a noite anterior, quando as notícias aterradoras do movimento se espalharam e as ruas ficaram desprovidas de qualquer policiamento, visto que a Guarda Municipal, temendo um confronto aberto com os manifestantes, recolhera-se por ordem dos juízes de paz. Ao longo do dia, irrompiam tumultos a todo instante, registrando-se vários casos de agressões, brigas, tiros, pilhagens de lojas e ameaças de incêndio. O comércio fechou suas portas e muitas famílias retiraram-se para os arrabaldes ou refugiaram-se em navios ancorados no porto.

O governo regencial estava seriamente abalado e corria o risco de ser destituído por um novo *7 de abril*. Alarmada, na manhã do dia 15, a Câmara dos Deputados entrou em sessão permanente no Paço da cidade, a qual se prolongou até a tarde do dia 20. Naquela mesma manhã, os deputados fizeram uma proclamação aos brasileiros, comunicando estarem de prontidão para restabelecer a ordem e salvar a pátria e conclamando todos os cidadãos a obedecer a lei e sustentar o governo. Assim também se manifestou a Câmara Municipal, apelando para o espírito pacífico dos fluminenses e instando que não maculassem o *7 de abril*. Já a Regência dirigiu sua proclamação aos soldados, lembrando também a glória por eles conquistada naquele dia memorável e ameaçando-os de serem banidos do Império. Na tarde do mesmo dia, por convocação de Feijó, reuniram-se em sessão secreta no Paço a Câmara dos Deputados, o

Senado e o ministério para discutir a situação. A reunião transcorreu de forma bastante tensa e nenhuma medida foi anunciada, pois o prédio estava praticamente cercado por civis e militares que, em atitude beligerante, pretendiam pressionar o governo a aceitar os termos da representação. Entre os manifestantes estava Ezequiel, que, conforme explicou aos seus leitores, tivera de ficar uma semana sem publicar a *Nova Luz Brasileira* em virtude dos acontecimentos do dia 15.[94]

No dia seguinte, hesitante diante do silêncio do governo e sem uma direção bem definida, a revolta já apresentava os primeiros sinais de desgaste. As tropas ainda estavam fora de controle, mas permaneciam em parte de prontidão em seus quartéis, à espera de uma resposta da Regência. Esta, por sua vez, aproveitou-se da situação para dar início à reação, respaldada por diversas manifestações de apoio que recebera ao longo do dia. Uma parte significativa da população e das tropas que não aderira ao movimento rebelde começava então a se mobilizar. Um desses manifestos, dirigido aos representantes da nação, era assinado por mais de 1.500 pessoas, entre civis e militares, que se prontificavam a defender o governo e as instituições do Estado à custa de suas próprias vidas e portanto solicitavam sua incorporação às tropas legalistas. Outras representações de fidelidade ao governo vieram, nesses dias, da Câmara Municipal da Vila Real da Praia Grande (Niterói), do Corpo de Artilharia de Marinha e do 5º Batalhão e 1º Corpo de Artilharia Montada de Caçadores do Exército. Uma iniciativa importante com que pôde contar o governo foi a formação do Batalhão dos Oficiais Soldados Voluntários da Pátria, composto de mais de 400 oficiais de diversas patentes. Comandado pelo seu idealizador, o coronel João Paulo dos Santos Barreto, e tendo o futuro duque de Caxias como subcomandante, o batalhão foi logo empregado por Feijó na ronda das ruas, na guarda dos edifícios públicos e na proteção aos lugares estratégicos do centro da cidade. Além disso, não foram poucos os civis que pegaram em armas para defender a pátria.

Todavia, a crise acabou levando à saída de metade dos seis ministros, forçando a Regência a promover um realinhamento político. O homem forte do governo, o ministro da Justiça Diogo Feijó, permaneceu, no entanto, à frente do ministério, para desgosto de Ezequiel e seus companheiros exaltados. Na tentativa de ganhar tempo e assim debilitar o movimento, Feijó remeteu a representação dos revoltosos à apreciação da Câmara dos Deputados, que submeteu o documento às comissões de Constituição e Justiça Criminal, para que emitissem um parecer. Além disso, a Câmara recomendou à Regência que reorganizasse e armasse a Guarda Municipal, colocando-a prontamente em ação. Para isso nomeou, no dia 17, o deputado Sebastião do Rego Barros comandante-geral da corporação, centralizando assim o comando, retirado da alçada dos juízes de paz. Naquele mesmo dia, também sancionou o projeto de lei do governo extinguindo o Corpo Militar de Polícia, que desde o dia anterior já estava detido na fortaleza de São João, e determinando o envio de seus praças para diversas províncias e a redistribuição dos oficiais pelo Exército.

Apesar do desgaste do movimento, o clima nas ruas continuava tenso e a situação seguia indefinida. No centro da cidade, ainda se viam grupos de manifestantes armados — portando as insígnias *exaltadas* — dando gritos sediciosos, cantando hinos patrióticos e protestando acintosamente contra a Regência, a Assembléia, os portugueses e os moderados. Corriam boatos os mais aterradores, como o de que o prédio da Alfândega seria incendiado por um grupo de revoltosos, o que levou seus funcionários a se manterem durante três dias de prontidão, à espera de um ataque que acabou não ocorrendo.

No dia 19, o governo já se sentia suficientemente fortalecido para afinal anunciar a resposta à representação que reputava criminosa. O parecer das comissões de Constituição e Justiça Criminal da Câmara concluía que a petição não podia ser objeto de deliberação por ser “inconstitucional e absurda”. Ficava clara, assim, a recusa do governo a aceitar tanto as reivindicações dos manifestantes quanto a forma com que foram feitas. Se o direito de petição era previsto na Constituição, para os deputados governistas sua aceitação, em tais circunstâncias, equivaleria a compactuar com a revolta, já que a representação não fora feita de maneira pacífica. Além disso, os termos ameaçadores da mesma, expressos na declaração de que povo e tropa não largariam as armas sem o cumprimento de suas exigências, complicava ainda mais a situação, levando à aprovação do parecer.

Percebendo o revigoramento do governo, vários manifestantes civis decidiram debandar, assim como outros tantos soldados aceitaram submeter-se a seus superiores, mediante a promessa de não haver represálias. Essas baixas, entretanto, animaram ainda mais a Regência a mobilizar suas forças para acabar de vez com a sedição. Já no dia 20, as forças legalistas investiram sobre o campo de Santana, dispersando ou prendendo os que ainda ali resistiam e fazendo o mesmo por toda a área central da cidade. A ordem foi afinal restaurada, embora não por muito tempo. Pelo menos 35 pessoas (civis e militares) foram presas — entre elas Juvêncio Pereira Ferreira, Clemente José de Oliveira e o redator de *O Tribuno do Povo*, Francisco das Chagas de Oliveira França — e enviadas para as cadeias da cidade e para as fortalezas da baía de Guanabara, a fim de aguardarem o resultado da devassa. Apesar de sua participação ativa no movimento, destacada em diversos relatos e de certa forma reconhecida publicamente por ele mesmo, Ezequiel escapou de ser preso e processado, para o que talvez tenha contribuído o fato de ele ocupar então o cargo de procurador da Câmara Municipal da corte. O mais importante, no entanto, parece ter sido a defesa pública que fez de sua participação, retratando o episódio numa ótica bem peculiar, como veremos em seguida.

Desde o dia 18, e mais sistematicamente a partir do dia 20, dezenas de cartas foram publicadas nos periódicos da corte — particularmente no *Diario do Rio de Janeiro* e no *Jornal do Commercio* —, redigidas por pessoas que assinaram a representação de protesto e que se diziam agora arrependidas de terem assim procedido, declarando então nulas e sem efeito suas assinaturas. Alegavam ter sido iludidas ou se equivocado na ocasião, seja porque não viram a lista dos indivíduos que deveriam ser deportados, seja porque acharam que a representação se destinava ao restabelecimento da ordem, seja ainda porque pensaram que a lista de assinantes fosse apenas para atestar a presença no ato. Entretanto, é claro que, mesmo levando em conta a confusão reinante no campo de Santana na hora em que se preparava a representação, seus signatários sabiam muito bem o que estavam fazendo. O que talvez não esperassem, em pleno calor dos acontecimentos e em vista do recente sucesso alcançado no 7 de Abril, era o desfecho negativo do movimento. Tudo indica, assim, que muitos dos que agora se apressavam em declarar inocência e reprovar a representação estavam na verdade querendo livrar-se de prováveis represálias, tanto da parte do governo (prisão, processo) quanto de parte significativa da opinião pública da corte (perseguições, discriminação sob a pecha de anarquista).

Como os demais manifestantes, Ezequiel também temia represálias. Mas nem por isso chegou a ponto de declarar sem validade sua assinatura na petição ou de se dizer enganado na ocasião, até porque todo mundo sabia que fora um dos idealizadores do documento. Preferiu justificar o episódio publicando um panfleto, datado de 25 de julho, contendo outras 30 assinaturas, ao lado da sua, todas de pessoas que também foram signatárias da representação rebelde do povo e tropa. Entre os signatários havia seis negociantes de ouro e prata, quatro negociantes, quatro farmacêuticos (incluindo Ezequiel), três cirurgiões, três oficiais militares, três proprietários, dois segundos-escriturários do Tesouro, um oficial de secretaria, um secretário da Junta da Vacina, um empregado do Arsenal de Marinha, um empregado da Tipografia de Lessa & Pereira, um padre e um outro que se intitulava apenas cidadão brasileiro (segundo a *Aurora Fluminense* de 12-8-1831, tratava-se de um sapateiro). Assim, nesta sua *Exposição dos acontecimentos da noite de 14, e dia 15 do mez de Julho do corrente anno à Nação Brazileira*, declararam que, percebendo a existência de um "plano desorganizador", tiveram a idéia de fazer a representação não "*atendendo senão ao bem da pátria*", na tentativa de assim arrefecer as "*paixões desenfreadas*" daqueles que falavam em depor o governo e criar uma Assembléia Constituinte. Assim, pretendiam apenas combater "*tão absurdos pedidos*" e "*estabelecer um centro, onde se refundam todas as opiniões*", convencidos de que a tropa não cederia se algumas de suas pretensões não fossem encaminhadas e de que era preciso livrar a nação daqueles que, "*incumbidos de a administrar, se têm constantemente lançado nas fileiras dos inimigos para atacar as instituições juradas, absorver os seus recursos e cavar-lhe surdamente a ruína*". Esclareciam também que as pessoas que assinaram a representação o fizeram "*sem que houvesse coação alguma ou pedido que não fosse o das circunstâncias, pois que uma cópia se achava pregada na parede a fim de que todos que o quisessem pudessem ver o que assinavam*". E afirmavam inclusive que alguns nomes inseridos na lista dos deportados foram sugeridos pelo comandante das Armas, por oficiais e por deputados ali presentes. Por fim, se diziam convencidos de que "*jamais se extinguirão os elementos de revolução espalhados na população, sem que sejam tomadas medidas enérgicas*", e de que "*se não tiveram a felicidade de acertar nos meios que então empregaram, não têm ainda visto outras providências que no seu juízo os possam compensar*".

Ezequiel e seus companheiros exaltados procuravam assim eximir-se de qualquer responsabilidade ou participação maior no movimento, admitindo apenas a iniciativa de promover a representação, à qual conferiam um caráter não tanto sedicioso, mas de um protesto em defesa da pátria e com fins apaziguadores; e chegavam a insinuar que a revolta seria produto de uma trama, logicamente maquinada pelos moderados. Visão semelhante dos acontecimentos era também apresentada por Ezequiel na *Nova Luz Brasileira*. Enquanto os periódicos moderados tratavam de reproduzir a versão oficial dos fatos, procurando criminalizar o movimento (e a representação) como um ato de rebelião, como manifestação da anarquia, tramada pelos exaltados, bem diferente era a versão difundida pelo boticário em seu jornal. Afirmava que "*a desordem foi de encomenda*", sim, mas teria sido resultado de um plano arquitetado pelos "*ocultos promotores da anarquia, e dos aristocratas*" — os moderados —, com o objetivo de "*intrigar povo com tropa, em dizer-se que estamos em anarquia, em chamar de republicano e sanguinário (...) a quantos não diziam amém*". Em uma análise propositadamente dúbia e confusa dos acontecimentos, pois "*corre risco de vida quem levantar um pouco o negro véu dessa horrenda e tenebrosa política de mistério*", Ezequiel procurava justificar a participação dos exaltados na revolta, afirmando que eles, os "*Bravos Jurujubas ou Tropa paisana da abdicação, ouvindo a Trombeta da Pátria e iludidos, mal pensando o que se urdia aristocraticamente, pedem armas*". Mas negava que o movimento fosse planejado por ele e seus companheiros, tendo os exaltados apenas saído a campo, como no 7 de Abril, em defesa da pátria que julgavam ameaçada, após a sublevação do Corpo de Polícia e das tropas. E, ainda assim, empenharam-se em serenar os ânimos, surgindo daí a idéia da representação. Tudo não teria passado, portanto, de um ardil dos moderados, no intuito de comprometer os exaltados e, sob a alegação de combater a anarquia, justificar assim a repressão ao grupo (aliás, lembrava que o governo foi quem ordenara a reunião das tropas). Mas mesmo se dizendo "*em perigo*", não deixava de defender o movimento e seus participantes, declarando que eram justas as reivindicações e legal a forma com que foram feitas. Até porque, "*bastantes vezes tem havido reuniões de Povo e Tropa; estas conjunções sempre trazem gritos de desordem; e sempre se fez porventura um crime atroz de coisa tão trivial?*". Além disso, a "*insubordinação era manifesta, gritou-se contra paisanos, o terror e a animosidade exerciam influência perigosa; em que são pois culpados os Patriotas?*"[95]

Ezequiel era um exaltado, mas não um tolo. Sabia que seria preso irremediavelmente se não minimizasse sua participação (e a de seus companheiros) no episódio. Não queria ficar trancafiado durante anos a fio em uma masmorra insalubre e ver assim tão prematuramente comprometidas sua vida pessoal e sua atividade política. Não era como Cipriano Barata — o *Mártir da Liberdade*, o *imortal Barata*, como costumava chamar —, de quem era profundo admirador, mas já tinha o exemplo nada estimulante de quão era difícil e do quão pouco adiantava passar a vida preso e, nestas condições, ter de cuidar da família e ainda manter sua atividade política como publicista. Preferia, assim, lançar mão do velho jogo retórico, invertendo a argumentação dos moderados e do governo regencial, ao se servir também da visão conspiratória da revolta, só que jogando a culpa nestes seus adversários. De agente dos acontecimentos, Ezequiel passava à condição de vítima da intriga moderada. Mas havia certa lógica intrínseca em sua argumentação (do contrário, não teria eficácia alguma o jogo retórico), ao sustentar que, independentemente de qualquer outra coisa, a Regência moderada teria provocado o movimento ao se portar como um governo tirânico, justificando assim a ação exaltada.

Desta forma, se os moderados apelavam ao fantasma da anarquia para perseguir os exaltados, estes acenavam com o antigo temor do despotismo para legitimar suas práticas subversivas perante a opinião pública. Embora, em conformidade com os valores da cultura política da época, cada qual tivesse a sua razão, ao reduzirem o movimento a uma simples conspiração urdida pelo adversário, acabavam obliterando suas motivações mais profundas.

Não há dúvida de que o principal fator que levou ao desencadeamento da revolta foi a luta pelo controle do poder entre exaltados e moderados, a partir do alijamento dos primeiros da composição do governo regencial. O ressentimento por terem sido traídos na partilha do poder, a certeza de que as reformas políticas e sociais que pleiteavam não seriam implementadas, as perseguições que passaram a sofrer da parte dos moderados, tudo isso levou os exaltados a tentarem mais uma vez fazer valer o apregoado direito de resistência dos povos à tirania e à opressão. Um novo *7 de Abril* fazia-se então necessário. As matérias publicadas na *Nova Luz Brasileira* não deixam qualquer dúvida quanto a isso. A propaganda revolucionária, as incessantes críticas à Regência e a exploração das mazelas da população, ao serem veiculadas sistematicamente tanto pela imprensa como pelos militantes exaltados no dia-a-dia das ruas, contribuíram decisivamente para desestabilizar o governo e produzir um clima de revolta que, por sua vez, fomentou e informou este e outros movimentos de protesto na corte. Foi criando e estimulando as condições necessárias à eclosão da revolta que Ezequiel (juntamente com outros publicistas exaltados) desempenhou o mais relevante papel no desenrolar dos acontecimentos — o de promotor da ação —, ainda que tenha também atuado na liderança direta dos manifestantes.

De fato, as motivações políticas estão claramente expressas nos objetivos do movimento ou mesmo nas pretensões e exigências dos revoltosos. Na mobilização do campo de Santana, falava-se em dissolver o Congresso, instalar uma Assembléia Constituinte e destituir os regentes, não faltando vozes em favor da república. E, na representação do povo e tropa, exigia-se a deportação de 89 pessoas, muitas das quais eram políticos tradicionais do Primeiro Reinado, tidos como "*inimigos da Nação Brasileira*".

As motivações políticas deixam transparecer também outro fator determinante para a eclosão da revolta: a insatisfação crescente nos meios militares, por diversas razões. Entre os oficiais, havia ressentimentos devido à perda de prestígio da instituição, aos cortes no efetivo, à transferência de unidades, à suspensão das promoções (ou sua realização de acordo com critérios políticos), à presença de portugueses e estrangeiros em geral nos postos de comando, e às baixas forçadas ou mesmo prisões de oficiais (por envolvimento em distúrbios). O grosso das tropas tinha igualmente motivos de sobra para descontentamento: recrutamento forçado, castigos corporais, rígida disciplina e baixos soldos, situações a que muitas vezes também estavam sujeitos os soldados da Guarda Militar da Polícia.

Essas questões, como visto, foram todas bem exploradas na *Nova Luz Brasileira* por Ezequiel, que, percebendo a insatisfação generalizada dos militares e sua importância para qualquer ação revolucionária, logo buscou obter o apoio da categoria para sua causa, não só por meio do jornal, mas também pessoalmente, discursando nos quartéis e nas ruas. Não é à toa, portanto, que Ezequiel exerce papel de liderança perante as tropas na manifestação do campo de Santana, e que os motivos de descontentamento afloram desde o início do movimento, quando o 26º Batalhão de Infantaria — uma das unidades que estava para ser dissolvida — se rebela, protestando contra os maus-tratos e os castigos físicos. Além disso, as tropas reunidas na praça Tiradentes faziam a mesma exigência, assim como pediam a deposição do comandante das Armas, igualmente reivindicada no campo de Santana.

Apesar do caráter essencialmente político da revolta, outros fatores contribuíram também para sua eclosão. Por um lado, havia os efeitos da crise econômica, em especial a elevação do custo de vida, a carestia de alimentos, o aumento do preço dos aluguéis, as altas taxas tributárias que incidiam sobre o comércio urbano, a limitação do crédito, e a escassez, falsificação e desvalorização das moedas de cobre, problemas que atingiam principalmente os comerciantes e todos aqueles que viviam de ordenados fixos. Esses elementos da crise, devidamente abordados por Ezequiel na *Nova Luz Brasileira*, já apareciam nas agitações de maio, quando correram boatos de que o governo pretendia subir o ágio do cobre, desvalorizando ainda mais a moeda, e de que os carniceiros estavam mancomunados para aumentar o preço da carne. O mesmo alarde se fez durante a revolta de julho, obrigando o governo a anunciar, no dia 27, a suspensão da cunhagem do cobre (embora depois voltasse atrás, devido ao agravamento da escassez de moeda).

Por outro lado, havia também o problema do antilusitanismo, manifestação política popular plenamente compartilhada pelos exaltados e igualmente estimulada por Ezequiel em seu jornal. Assim como nas rusgas de maio, os rebeldes de julho clamavam no campo de Santana pela expulsão dos *adotivos* e morte dos *papeletas*, e havia muitos portugueses entre as 89 pessoas cuja saída do país a representação do povo e tropa requeria, sem falar na suposta exigência de proibição da imigração lusitana por 10 anos.

Essa complexa conjunção de fatores está na raiz não só da revolta de julho, mas também, com pequenas particularidades, de outros movimentos semelhantes, de dimensões mais reduzidas, que a sucederam na corte, como o distúrbio do Teatro São Pedro de Alcântara, em setembro, o levante dos marinheiros da ilha das Cobras, em outubro, e as duas sedições de abril de 1832. Todos estes (à exceção do último, capitaneado pelos caramurus) foram, direta ou indiretamente, promovidos pelos liberais exaltados.

Há suspeitas de que Ezequiel estivesse envolvido na trama que resultou na revolta exaltada de 3 de abril, a qual teria eclodido precipitadamente naquele dia, por não terem sido avisados a tempo todos os cabeças do movimento sobre o adiamento do mesmo, já que o governo fora previamente alertado a respeito. Cientes da situação, todavia, Ezequiel e vários outros companheiros seus não tomaram parte no rompimento, levado a cabo pelo desavisado major Miguel de Frias e Vasconcellos, que, preso juntamente com um grupo de exaltados nas fortalezas de Villegagnon e Santa Cruz, sublevou as guarnições locais e desembarcou com uma peça de artilharia na praia de Botafogo, dirigindo-se em seguida para o campo de Santana. Com a adesão ali de outros indivíduos, os cerca de 150 manifestantes exigiam a substituição da Regência por uma nova, a ser composta por Antônio Carlos Ribeiro de Andrada, Manoel Carvalho Paes de Andrade e João Pedro Maynard, além da convocação de uma Assembléia Constituinte. A revolta, no entanto, foi rapidamente debelada, sem que Ezequiel se visse nela implicado judicialmente.

A essa altura, porém, Ezequiel já atravessava uma nova fase em sua agitada carreira política. Em 13 de outubro de 1831, após 180 números regulares, publicados ininterruptamente ao longo de quase dois anos, o mais proeminente publicista exaltado anunciou repentinamente o fim da *Nova Luz Brasileira*, alegando que suas atividades como procurador da Câmara Municipal o forçavam agora a passar periodicamente alguns dias fora da corte. Prometia, contudo, não abandonar a *causa da América*, publicando, quando possível, algumas edições extraordinárias. Razões mais contundentes, entretanto, parecem tê-lo impelido a encerrar tão subitamente o jornal, justamente em seu momento de maior radicalidade, quando passou a falar abertamente em República e no Plano do Grande Fateusim Nacional. O fracasso do levante da ilha das Cobras — o terceiro em menos de quatro meses — desencadeou uma intensa repressão contra os exaltados, em particular contra seus órgãos de imprensa, acompanhada de uma campanha difamatória ainda mais agressiva promovida pelo governo e pelos periódicos moderados. Tanto que, ao lado da *Nova Luz Brasileira*, pelo menos outros três importantes jornais exaltados saíram de circulação na mesma ocasião e em circunstâncias idênticas: *A Voz da Liberdade* (redigida por Miguel de Frias), a *Sentinella da Liberdade na Guarita do Quartel General de Pirajá, hoje preza na Guarita da Ilha das Cobras no Rio de Janeiro. Alerta!* (de Cipriano Barata) e *O Jurujuba dos Farroupilhas* (de João Baptista de Queiroz), sem contar *O Exaltado*, que, embora tenha conseguido sobreviver, publicou apenas 13 edições ao longo de seis meses, sendo o seu redator, o padre Marcelino Pinto Ribeiro Duarte, forçado a afastar-se da corte durante algum tempo, em virtude das perseguições que passou a sofrer. Além disso, o major de engenharia Antonio João Rangel de Vasconcellos, que redigia *O Filho da Terra*, foi mandado pelo governo para a inóspita ilha da Trindade, a pretexto de fazer a carta hidrográfica do local, e vários militantes exaltados foram presos, demitidos de repartições públicas e, quando militares, transferidos para outras províncias ou forçados a dar baixa. Data dessa época, portanto, o início da derrocada política dos exaltados. Ezequiel, todavia, não sairia ainda de cena; apenas mudaria de tática e de espaço de atuação, passando a congregar seu grupo em uma nova associação política, fundada ao final daquele mesmo ano de 1831, a Sociedade Federal Fluminense.

O federalista

Ao lado da imprensa e dos movimentos contestatórios de rua, as associações públicas constituíram outro importante espaço informal de participação política que conheceu notável desenvolvimento durante o período regencial, sobretudo em sua fase inicial. Verifica-se então um verdadeiro surto associacionista, tendo sido criadas mais de 100 sociedades em todo o Império somente em 1831, quase todas após a Abdicação.[96] Eram instituições de natureza as mais diversas — política, literária, científica, industrial, corporativa, filantrópica e de auxílio mútuo —, organizadas dentro do mais puro espírito liberal de publicidade. Embora continuassem existindo sociedades secretas, como a Maçonaria (que, depois de proibida por dom Pedro I em 1823, retomava agora as suas atividades, com a reabertura da loja Grande Oriente do Brasil, em 23 de novembro de 1831), foram as sociedades públicas que ganharam destaque naquele momento, como expressão de um novo caráter do movimento associativo e de uma outra forma de fazer política. Esse fenômeno encontrou amplo reconhecimento entre os homens da época, que o associavam ao tempo novo de liberdade inaugurado com a Abdicação. Conforme assinalou Borges da Fonseca, um dos fundadores, na corte, da Sociedade Defensora da Liberdade e da Independência Nacional, "já se acabou o tempo de viver a filosofia só em cavernas, os filósofos quebrando as cadeias que a prendiam a soltaram entre os homens," [de modo que] "só nos tempos do despotismo e das trevas podem utilizar as sociedades secretas, e nos tempos da liberdade e luzes tais sociedades secretas sempre são prejudiciais", ao passo que as sociedades patrióticas "não só encaminham a marcha do governo da sociedade, como até ilustram a povoação".[97]

O mesmo pensava Ezequiel Corrêa dos Santos, como por várias vezes declarou na *Nova Luz Brasileira*. Segundo ele, "*Deve o Gênero Humano às Sociedades Secretas incalculáveis benefícios* (...). *Nos países porém como é o nosso, em que o Código Crime permite publicar pela Imprensa os Direitos do Homem, julgamos que deve acabar o tempo das Sociedades Secretas, para começar uma nova era de Sociedades Patrióticas, Científicas, Filantrópicas e Literárias e de proteção à indústria*". Incentivava, assim, a população do Império a "*adotar desde já o indispensável uso de formar liberais Sociedades Patrióticas que se unam para obrar a bem deste ou daquele objeto que for conveniente à Liberdade do Povo Brasileiro*".[98] Assim, enquanto as sociedades secretas seriam um importante mecanismo de luta contra os governos despóticos cujos procedimentos autoritários cerceavam a livre associação de interesses, as sociedades públicas constituiriam a melhor forma de organização coletiva sob os governos pautados nas práticas liberais. Ezequiel não deixou de enfatizar esses aspectos no *dicionário cívico doutrinário* de seu jornal, a começar pela definição de *sociedades secretas em geral*, "*corporações benfazejas e virtuosas, que os Filósofos têm inventado para bem da humanidade*", ainda que algumas fossem contrárias a estes fins. Já as *sociedades patrióticas* eram definidas como aquelas que "*trabalham a portas abertas*", "*com permissão dos governos livres*", e "*servem para socorrer os oprimidos e desvalidos de toda casta contra a injustiça particular e pública, e para dar apoio às autoridades e aos Escritores; e para animar a agricultura, comércio, artes, ciências e navegação; e para vigiar dia e noite por toda parte em benefício da Pátria*".[99]

Fica claro, portanto, que as associações públicas eram vistas como instrumentos de ação política (mesmo quando voltadas para outros tipos de atividade) que se fundamentavam enquanto expressão dos anseios da opinião pública. Apresentavam-se, assim, como interlocutoras legítimas no debate político, atuando como instância mediadora nas relações entre os cidadãos, coletivamente organizados em torno de interesses comuns, e o Estado. Mais do que núcleos de sociabilidade, arregimentação e propaganda política, constituíam-se como grupos de pressão sobre o governo e o Parlamento.

Ezequiel esteve sempre às voltas com o movimento associativo da cidade, participando ativamente, ao longo de sua vida, de diversas entidades de caráter não só político mas também civil, públicas ou não. Antes de promover a instalação da Sociedade Federal na corte, integrou a obscura sociedade secreta dos Amigos Livres, criada após a dissolução da Assembléia Constituinte por dom Pedro, em novembro de 1823, com o intuito de fazer oposição ao imperador e defender as liberdades políticas e civis. Este último objetivo era também o da Sociedade Filantrópica Liberdade Constitucional, fundada em 1831, que pretendia especialmente socorrer os presos políticos, reivindicando para eles anistia geral. Presidida por outro boticário exaltado, Juvêncio Pereira Ferreira, tinha Ezequiel como primeiro-secretário. Ezequiel pertenceu ainda aos quadros da famosa Sociedade Auxiliadora da Indústria Nacional, instalada em 19 de outubro de 1827 e até 1904 em atividade, que tanto lutou pelo desenvolvimento da agricultura, da indústria e do comércio no país, importando maquinaria, introduzindo novas culturas, promovendo a instrução primária, cursos técnicos e estudos específicos naquelas áreas, e chegando mais tarde a defender a substituição do trabalho escravo pelo livre e a imigração de colonos estrangeiros. Também foi membro titular, novamente ao lado de Juvêncio Ferreira, da Sociedade de Medicina do Rio de Janeiro, fundada a 28 de maio de 1829 e seis anos depois elevada ao estatuto de Academia Imperial de Medicina (ainda hoje existente, sob o nome de Academia Nacional de Medicina), instituição que, por sua notoriedade, atuava extra-oficialmente como órgão consultivo do governo para as questões de saúde pública, tendo sido responsável pelo projeto de transformação das escolas de medicina do Rio de Janeiro e da Bahia em faculdades. Ezequiel tornou-se o primeiro presidente da Seção de Farmácia da Academia e, como veremos depois, aí prestou relevantes serviços para o desenvolvimento de sua ciência. Tanto que para este fim fundou, a 30 de março de 1850, a Sociedade Farmacêutica Brasileira, da qual foi escolhido presidente, sendo também, juntamente com outros (um dos quais seu filho homônimo, que, além de boticário, era médico), redator da *Revista Pharmaceutica*, periódico da mesma associação. Além disso, Ezequiel foi ainda sócio e presidente da Sociedade Nacional dos Artistas Brasileiros — Trabalho, União e

Moralidade. Bastante diversificada, intensa e duradoura foi, portanto, sua vida associativa, revelando toda a amplitude de sua trajetória pública e demonstrando que um indivíduo podia circular ao mesmo tempo por várias associações de propósitos distintos, algo que estava longe de ser uma exceção entre os homens da época.

A agremiação em que Ezequiel teve atuação mais destacada, no entanto, foi a Sociedade Federal Fluminense. Sua criação inseria-se evidentemente no contexto das lutas políticas travadas no início do período regencial, quando as associações livres despontaram, ao lado da imprensa, como importante instrumento de ação das facções políticas no âmbito do espaço público. As sociedades, inclusive, serviram-se amplamente da imprensa para divulgar suas atividades, publicando nos jornais correntes desde simples convocações para reuniões até manifestos, correspondências, estatutos, atas de sessões e listas de sócios. Não raro, tinham seus próprios periódicos, recorrendo ainda à publicação de panfletos.

Cada facção congregava-se, assim, em uma sociedade política com sede na corte e ramificações por diversas cidades e vilas nas províncias, formando uma complexa rede associativa que possibilitava um contato constante não só entre o centro e as filiais de uma mesma agremiação, mas também entre entidades distintas, por vezes até rivais. Os liberais moderados, mais bem organizados, tomaram a iniciativa, fundando a poderosa Sociedade Defensora da Liberdade e da Independência Nacional, criada primeiramente em São Paulo, ainda antes da Abdicação, em 29 de março de 1831, e logo estabelecida na corte, a 10 de maio, na casa de Borges da Fonseca. É bem verdade que a Defensora fora concebida originariamente como organismo suprapartidário que congregava os grupos liberais promotores do 7 de Abril, destinando-se, assim, a auxiliar as autoridades e a preservar a ordem instituída. Mas, com o racha entre esses grupos pouco depois da Abdicação e o conseqüente abandono dessas bandeiras pelos exaltados (e pelos elementos ligados aos Andrada), a entidade logo passou a ser identificada aos moderados, tornando-se, sob a liderança de Evaristo da Veiga, uma das principais bases de sustentação do governo regencial na luta contra a oposição exaltada e caramuru.

Os caramurus, por sua vez, reuniram-se inicialmente na Sociedade Conservadora da Constituição Política Jurada no Império do Brasil, fundada na Bahia ainda em 1831 pelo general José Manuel de Morais e instalada na corte em fevereiro de 1832. Como já indicava o nome da agremiação e reforçavam seus estatutos, pretendia sustentar, por todos os meios legais, "o sistema político jurado no Brasil", ou seja, manter intacta a Constituição de 1824 sem a realização de qualquer tipo de reforma, preservando assim a centralização monárquica nos moldes vigentes durante o Primeiro Reinado. Embora não houvesse qualquer evidência a respeito, a Conservadora foi sempre acusada (como a facção que ela representava) de trabalhar veladamente para promover a restauração de dom Pedro I no trono brasileiro, sendo alvo, então, de uma intensa campanha difamatória orquestrada pelo governo e pelos órgãos moderados e exaltados. Não demorou muito, assim, para que encerrasse suas atividades, sendo logo substituída pela Sociedade Militar, criada na corte em 11 de agosto de 1833. Apesar do nome, a nova associação caramuru não era composta somente de militares, tampouco tratava apenas de assuntos relativos a esta categoria, embora um de seus objetivos fosse sustentar a dignidade militar e proteger seus membros. Mas pretendia também defender a manutenção da Constituição imperial, tomando, todavia, o cuidado (inútil, pois sofreu igualmente a pecha de restauradora) de enunciar em seus estatutos a defesa do trono de Pedro II.

Em oposição a essas associações políticas é que se organizaria a Sociedade Federal, como centro de reunião dos liberais exaltados. Surgida inicialmente em Pernambuco, a 16 de outubro de 1831, e ainda no mesmo mês na Bahia, para depois ser instalada em São Paulo, a 6 de dezembro, chegou em seguida à corte, sob a denominação de Sociedade Federal Fluminense. Coube a iniciativa a Ezequiel Corrêa dos Santos, que, após dar por encerrada a publicação de seu jornal, lançou uma *Nova Luz Brasileira Extraordinaria*, convocando todos os interessados a participarem da criação da nova associação. Assim, no dia 31 de dezembro, realizou-se a primeira sessão preparatória, dirigida por Ezequiel. Compareceram à mesma, filiando-se já como sócios, 58 pessoas, em sua maioria profissionais liberais, comerciantes, militares, padres e funcionários públicos. Entre elas estavam os publicistas exaltados Antônio João Rangel de Vasconcelos, redator do periódico *O Filho da Terra*, Luis Augusto May, que redigia então *A Malagueta*, e o padre Marcelino Pinto Ribeiro Duarte, redator de *O Exaltado*, além, é claro, de Ezequiel. Estavam também presentes na reunião vários conhecidos militantes exaltados das ruas da corte, alguns dos quais participantes da revolta de julho do povo e tropa, como Antonio Rodrigues Martins, Balbino José de França Ribeiro, Joaquim Antonio de Macedo Tupinambá e o major Francisco José dos Reis Alpoim. Outros não puderam comparecer — como Francisco das Chagas de Oliveira França, redator de *O Tribuno do Povo*, Clemente José de Oliveira, que mais tarde viria a redigir *O Brazil Afflicto*, e o boticário Juvêncio Pereira Ferreira — porque então estavam presos, justamente em razão de terem sido condenados por envolvimento naquela mesma revolta; contudo, uma vez soltos, viriam a integrar os quadros da associação. De todo modo, a composição dos primeiros sócios já deixava clara a vinculação da Federal Fluminense com o grupo dos exaltados.

Na mesma ocasião, foram eleitos os membros da Mesa Provisória, encarregada de dirigir os trabalhos nessa fase de instalação. Como era então diretor da Sociedade Filantrópica Liberdade Constitucional, e provavelmente também em função de suas ocupações como procurador da Câmara Municipal da corte, Ezequiel preferiu não fazer parte da mesa naquele momento. Todavia, por nomeação sua e aprovação dos demais sócios, foram chamados a compô-la, na condição de presidente, o francês naturalizado brasileiro Pedro Labatut, brigadeiro do Exército que se destacara no combate às tropas portuguesas de Madeira de Melo nas lutas pela Independência na Bahia; para primeiro-secretário, o tenente-general José Manoel de Moraes, ex-ministro da Guerra, demitido por dom Pedro às vésperas da Abdicação e logo restituído pela Regência, para novamente deixar o ministério em julho, em plena revolta do povo e tropa; e como segundo-secretário, Luis Augusto May. Também por solicitação de Ezequiel, ainda no mesmo dia foi designada uma comissão de cinco membros para elaborar o projeto dos estatutos que deveriam reger a sociedade, sendo o próprio requerente um dos escolhidos, ao lado de May, José Maria Cambucí do Valle, frei Bento da Trindade Rangel e Antonio Manuel de Moraes.[100]

Assim como as demais sociedades federais das províncias, a Fluminense estabelecia também como seu principal objetivo promover por todos os meios legais a implantação e a consolidação do governo federativo no Brasil, difundindo idéias claras e exatas a respeito das vantagens desse sistema, a fim de convencer o povo, as autoridades competentes e as diversas facções políticas da necessidade de se efetuar pacificamente a reforma federal. Ressaltava, todavia, que esta deveria ser operada pelo Poder Legislativo, reconhecido como única autoridade legalmente capaz de decretá-la. Procurava assim assumir uma feição legalista, evitando as críticas, freqüentemente feitas aos exaltados, de que, se preciso fosse, estaria disposta a promover a federação por meios revolucionários, como de fato pregavam vários jornais exaltados, incluindo a extinta *Nova Luz Brasileira*. Por isso, ao lado da sustentação da liberdade brasileira, destacava também, entre as suas finalidades, opor-se a qualquer ato que conduzisse à anarquia, prometendo respeitar a ordem, as leis e as autoridades constituídas.

A sociedade era, a princípio, representada por uma Mesa Deliberativa encarregada de administrá-la, composta de 24 sócios, eleitos a cada três meses entre a totalidade dos membros. Entre os integrantes da mesa eram escolhidos um presidente e um vice-presidente, aos quais competia dirigir a sociedade, e dois secretários (com dois suplentes), que deveriam assessorá-los. Havia ainda uma Comissão Permanente, formada por 12 sócios, que poderiam ser ou não integrantes do órgão deliberativo, incumbida de operacionalizar os trabalhos. Em outubro de 1832, no entanto, em conformidade com a reforma dos estatutos recém-realizada, dentro do espírito de participação democrática preconizado pelos exaltados, foi suprimida a Mesa Deliberativa, mantendo-se apenas os cargos de presidente, vice-presidente, secretários e suplentes. A partir de então, todos os sócios passavam a ter o direito de propor, discutir e votar sobre qualquer assunto relativo aos fins da sociedade, freqüentando todas as sessões e não mais ficando restritos, portanto (como ocorria nas demais associações), à participação nas assembléias gerais, quando exerciam apenas as funções de eleger os membros da antiga Mesa, aprovar as prestações de contas e, extraordinariamente, deliberar sobre alguma questão de força maior.

As sessões, sempre públicas, eram realizadas, até outubro de 1832, geralmente aos domingos, e em seguida às quartas-feiras, às quatro horas da tarde, inicialmente na sala das sessões da Sociedade Filantrópica, até o estabelecimento, logo depois, da sede própria da instituição, na atual avenida Marechal Floriano (antiga rua Larga de São Joaquim). Nem sempre, todavia, as reuniões ocorriam regularmente, pois em 13 de novembro de 1832 o *Diario do Rio de Janeiro* publica um comunicado de Ezequiel, convocando os membros da sociedade a não deixarem de comparecer à próxima reunião, "*havendo objeto urgentíssimo a tratar*", visto que há mais de um mês não se realiza uma sessão, por falta de quórum.

Como tinham por hábito as associações, também a Federal Fluminense pretendia criar seu próprio periódico, mas, enquanto isso não acontecia (e parece que nunca aconteceu), ficou decidido que *A Malagueta*, jornal redigido pelo então segundo-secretário da agremiação, se encarregaria a princípio de publicar o que a mesma tivesse a divulgar. Tal arranjo, no entanto, deixou muito a desejar, pois vários comunicados da sociedade foram publicados em outros jornais, sobretudo no *Diario do Rio de Janeiro*, e não na folha de Luis Augusto May, que sequer reproduziu os estatutos da associação que representava.

Ezequiel foi um dos 24 eleitos para a Mesa Deliberativa que deveria representar a sociedade no trimestre de 20 de abril a 20 de julho de 1832, mas, pelos motivos já expostos, preferiu manter-se afastado da presidência. Não escapou, contudo, de ser escolhido para o cargo de primeiro-secretário, enquanto Joaquim José da Silva foi nomeado presidente, Honório José da Cunha Gurgel vice-presidente, e João José da Costa Pimentel segundo-secretário. Somente a partir do trimestre seguinte, já liberado talvez daqueles seus compromissos, é que Ezequiel assumiria a presidência da associação por ele fundada.

A criação da Sociedade Federal, não só a Fluminense, mas também as de outras províncias, dava-se em pleno ápice do movimento em favor das reformas constitucionais, das quais a mais importante, e a que despertava maiores polêmicas, era a questão do federalismo. Enquanto na imprensa os jornais exaltados, à exemplo da *Nova Luz Brasileira*, procuravam mostrar, desde fins do Primeiro Reinado e mais intensamente após a Abdicação, as vantagens do sistema federativo, no Parlamento o mesmo debate também estava em curso. Em maio de 1831, formou-se uma comissão, composta pelos deputados Miranda Ribeiro, José da Costa Carvalho e Paula Sousa e Melo, encarregada de elaborar um projeto de reformas constitucionais. O resultado foi o chamado projeto Miranda Ribeiro, que, entre outras medidas (extinção do Poder Moderador, do Conselho de Estado e da vitaliciedade do Senado, eleição bienal da Câmara dos Deputados), previa a adoção de uma monarquia federativa, inclusive com autonomia dos municípios: seria criado o cargo de intendente municipal, com poderes análogos aos dos presidentes de província, e os antigos conselhos gerais de Província (que pela Constituição imperial eram obrigados a enviar suas resoluções ao Poder Executivo e submetê-las à aprovação da Assembléia Geral) seriam transformados em assembléias legislativas bicamerais, com amplos poderes político-administrativos. Ficaria garantida inclusive a autonomia financeira das províncias, mediante a discriminação de rendas nacionais e provinciais e a divisão dos poderes tributários entre o Parlamento e as assembléias provinciais. Aprovado na sessão da Câmara de 13 de outubro de 1831, o projeto seguiu para o Senado, bastião dos caramurus, que achou prudente adiar sua discussão para o ano seguinte. Acabou então sendo vetado, provocando novas articulações políticas que levassem a uma solução de compromisso.

Foi em meio a esse processo, portanto, que se deram a criação e a disseminação pelo Império das sociedades federais, como forma de mobilizar a opinião pública e pressionar os parlamentares a aprovarem a reforma federalista. Ao mesmo tempo, era também um meio de combater, e quem sabe até dissuadir, as forças que se opunham a esse movimento: os moderados hesitantes e, especialmente, os emergentes caramurus. Essas circunstâncias foram muito bem expressas por Ezequiel em uma correspondência por ele redigida, na condição de primeiro-secretário da Federal Fluminense, em resposta a uma outra da Federal da Bahia, em que esta felicitava a instalação de sua congênere da corte e propunha o estabelecimento de contatos regulares, "*atenta à identidade de princípios, opiniões e desejos, que deverão entre si manter ambas estas associações*". Na carta, datada de 6 de maio de 1832 ("2º da *Regeneração*") e assinada também pelo então presidente da entidade, Joaquim José da Silva, e pelo segundo-secretário João José da Costa Pimentel, Ezequiel acedia entusiasticamente à proposta, "*tanto pela identidade de sentimentos de ambas, como por ser este o meio mais profícuo e seguro de chegarmos aos fins, por que tanto anelam os melhores patriotas*"; defendia a realização das reformas que "*as luzes do século, as necessidades e posição geográfica do nosso país reclamam*"; e assim analisava as circunstâncias que levaram ao movimento das sociedades federais:

> *No momento pois em que certos homens se afanam por demonstrar a necessidade de não reformar-se uma Constituição toda cheia das fórmulas monárquicas da velha e carunchosa Europa; uma Constituição até hoje sempre calcada aos pés e que nos foi ofertada pela força das circunstâncias, e a favor da qual se extorquiram votos entre o terror das armas e das comissões militares; no momento em que se pretende imbuir, no espírito dos nossos patrícios menos instruídos, que só nos pode salvar a inalterabilidade de uma Constituição, e conservação do sistema unitário, e isto a despeito da opinião geral das províncias que tão altamente se têm pronunciado contra ele, e da longa experiência de três séculos que nos deu a conhecer que sob os auspícios e influência de um tal sistema só vegetam miseráveis parasitas, desprezíveis mandões, infames déspotas e homens sem mérito e virtudes; no momento em que aqueles que mais deveriam esforçar-se por conseguir a conciliação dos partidos, sempre fatais às nações onde existem, parecem ao contrário empenhados em levá-los ao maior grau de irritação, talvez com o fim de conseguirem a perniciosa máxima dos déspotas — dividir para reinar; no momento em que tantos entraves se opõem aos esforços dos verdadeiros patriotas, e que surge do abismo e se apresenta em campo com as armas na mão, porque uma refalsada e tortuosa política lhas havia con-*

> *fiado, e dado importância, um partido restaurador, proclamando um príncipe imoral, déspota, perjuro e ingrato, que baqueou para sempre no singular e memorável Dia 7 de Abril, depois de haver ocupado indignamente por espaço de 10 anos um Trono Americano, no qual só deveria sentar-se a Liberdade; (...) só nos pode salvar o esquecimento completo de rixas particulares, a conciliação dos partidos, a mais decidida constância na empresa começada, e a mais sincera e fraternal união entre todos os Brasileiros.*[101]

A conciliação dos partidos e a união dos brasileiros em benefício da causa nacional eram a bandeira inicialmente levantada por todas as associações políticas, sem que estas, todavia, se dispusessem a abrir mão de seus princípios e interesses, naturalmente tomados como condição indispensável para chegar àquele fim. Como será notado adiante, as possibilidades abertas de disputa e as complexas relações de força que então definiam o campo político imperial tornavam difícil, naquele momento, o estabelecimento de uma tal aliança. É significativo, neste sentido, que já o primeiro manifesto da Sociedade Federal Fluminense, dirigido à Câmara dos Deputados 14 dias após aquela sua correspondência com a Federal da Bahia, protestasse contra o "atentado" cometido pelo ministro da Justiça Diogo Feijó, que "*por uma ilegal portaria fez convocar o Colégio Eleitoral deste município para proceder à eleição dos nossos juízes de fato, para que, aterrados os escritores da Oposição e extinto o Jornalismo liberal, ele possa, sem temer censuras, praticar todas as arbitrariedades, que por desgraça sofre este mesmo Povo*". O documento referia-se à portaria de 18 de janeiro de 1832 que suspendeu o júri anteriormente em exercício na capital e convocou novas eleições para preencher os cargos. De fato, há muito tempo Feijó vinha implicando com o que considerava falta de rigor daqueles jurados, por conta dos publicistas exaltados absolvidos em 1831 nos processos que lhes foram movidos sob alegação de abuso da liberdade de imprensa (um deles, como visto, foi Ezequiel, a cujo caso faz menção o texto). O novo júri, eleito a 15 de fevereiro, parecia corresponder melhor às expectativas do ministro da Justiça, pois já no mês seguinte condenou à prisão o ex-colaborador de Ezequiel na *Nova Luz Brasileira*, João Baptista de Queiroz, em razão dos pesados ataques que fez à pessoa de Feijó em seu periódico *A Matraca dos Farroupilhas*. Na mesma época, o impressor e o responsável pelo *Caramuru*, redigido por David da Fonseca Pinto, foram também processados e, quatro meses depois, tiveram o mesmo destino, a pretexto das supostas doutrinas sediciosas e restauradoras contidas no jornal. Por essas e outras, a representação da Federal Fluminense dizia, com evidente exagero, que a portaria de 18 de janeiro "fez desaparecer os Escritores da Oposição", de modo que a liberdade nacional estaria então ameaçada por uma ditadura, pois, conforme indagava, "*como segurar os direitos do Cidadão livre sem a liberdade de imprimir e de manifestar o pensamento, único meio que sem o estrondo das armas e derramamento de sangue pode conter os Mandatários públicos nos Limites que as leis lhes tem marcado?*"[102]

Fiel ao seu princípio de sustentar a liberdade brasileira, a Federal Fluminense não se limitou a tratar apenas da questão do federalismo (embora evidentemente este tenha sido sempre o principal objeto de suas atenções) e manteve, como não poderia deixar de ser, a postura crítica dos exaltados em relação ao governo moderado, utilizando-se inclusive do mesmo vocabulário habitualmente encontrado nos periódicos do grupo. Com uma diferença essencial: deixou de lado as pregações revolucionárias e procurou assumir oficialmente um discurso pautado pela legalidade. O que, naquele momento, significava defender com todas as suas forças a implantação do sistema federativo via Parlamento. Até porque o recurso às armas não vinha se mostrando um caminho acertado, e a tramitação no Congresso das reformas constitucionais abria então uma perspectiva com maiores chances de sucesso, revelando-se portanto uma estratégia de ação mais eficaz.

Mas nem por isso a Federal Fluminense deixava, por vezes, de lançar no ar algumas insinuações ameaçadoras, resguardando-se, no entanto, de maiores implicações, não por acaso bem ao estilo ambíguo de um certo jogo retórico já observado nas páginas da *Nova Luz Brasileira*. É o que se verifica em outra correspondência da entidade, datada de 10 de fevereiro de 1832, agora em resposta à Sociedade Promotora do

Bem Público, de Vila do Príncipe (hoje cidade do Serro, Minas Gerais), dirigida por Teófilo Ottoni. À proposta que esta lhe fazia (bem como a outras associações do Império) de promoverem — caso o Senado não aprovasse ou votasse em tempo o projeto Miranda Ribeiro — uma ação conjunta no sentido de pressionar as municipalidades a conferir poderes constituintes aos deputados da próxima legislatura para que, à revelia daquela Casa, reformassem a Constituição nos termos prescritos no projeto em questão, respondeu a Federal Fluminense que "*acha-se inibida de fazer a tal respeito qualquer convite às municipalidades desta província*". Isto porque a impedia, em primeiro lugar, o artigo 61 da Constituição (que previa a possibilidade de reunião conjunta das duas câmaras para deliberarem sobre um projeto cujas emendas ou adições feitas por uma fossem recusadas por outra); "*e quando não existisse o Art. 61, pertencia à Nação reivindicar seus Direitos, e não a esta Sociedade, que não se pode afastar do que determina o Tit. 1º Art. 2º §1º dos seus Estatutos*". O problema começava justamente aí, na questão dos direitos de soberania. Mais adiante, a Federal Fluminense desenvolvia melhor esse ponto em relação à medida proposta pela associação mineira. Afirmava que "*só por uma formal revolução da Soberania da Nação, cumpre repeti-lo, é que pode ter cabimento a medida*", para logo em seguida completar: "*mas a Sociedade Federal jamais tomará parte como corporação em qualquer ato revolucionário; suposto que possam como Cidadãos tomar parte individual os seus Membros, desde que a SOBERANIA DO POVO entenda que só por meio de uma revolução é que se pode salvar a Independência e Liberdade da Pátria*".[103]

O princípio rousseauniano da soberania do povo, tantas vezes proclamado nos escritos de Ezequiel e nas demais publicações exaltadas, era evocado agora pela Federal Fluminense para legitimar uma eventual ação revolucionária, embora ela procurasse evitar qualquer comprometimento seu, enquanto corporação, em tal empreendimento. De acordo com essa linha de raciocínio, uma iniciativa desse tipo deveria partir, se fosse o caso, não de qualquer agremiação, mas unicamente do povo soberano, a quem era resguardado o direito de resistência à tirania e opressão. E neste sentido é que seus sócios, enquanto cidadãos como outros quaisquer (e não na qualidade de membros da Federal Fluminense), poderiam participar de algum ato revolucionário. Em tese, o raciocínio até era lógico mas, visto por outro ângulo, deixava no ar uma ponta de dúvida em relação às convicções legalistas de uma entidade que permitia a seus membros uma ação contrária aos fins que professava.

Além disso, a carta em questão continha ainda outro ponto polêmico: ao mencionar a possibilidade de ocorrer uma guerra para impedir a volta de Pedro I ao Brasil, afirmava que trabalhava pela restauração, na corte, "*um recente e já poderosíssimo clube unitário instalado com aprovação e favor de alta influência*". Era uma clara referência crítica à Sociedade Conservadora da Constituição, a primeira das associações caramurus, que de fato tinha caráter unitário (favorável à centralização), mas, ao menos oficialmente, não pregava a restauração. Com mais essa declaração, a Federal Fluminense entrava de uma só vez em rota de colisão com os moderados e com os caramurus.

Comentando o documento, declarou o *Caramuru*, cujo redator era sócio-fundador da Conservadora, que, "vendo nós aí acreditado o boato de um clube unitário, lamentamos que a Sociedade Federal não conhecesse o estratagema que inventou esse fantasma para a combater, tornando ao mesmo tempo odiosa a Sociedade Conservadora". O que levou o redator de *A Malagueta*, na condição de então segundo-secretário da Federal Fluminense, a escrever uma carta para aquele mesmo jornal, esclarecendo que os comentários sobre o tal clube unitário "não foram nem podiam ser aplicados a nenhuma sociedade cujos estatutos preconizam só a Constituição e o seu andamento, e cujos membros contam no seu número homens de bem e bons brasileiros".[104] Apesar da tentativa apaziguadora, os choques entre as duas associações (e depois também a Sociedade Militar) foram constantes, e não poderia ser diferente, uma vez que tinham objetivos e princípios diametralmente opostos. É bem verdade que houve uma aproximação entre os caramurus e uma ala dos exaltados, na tentativa de formar um bloco de oposição ao governo moderado, e que essa ligação chegou a provocar uma fissura na facção exaltada. Inclusive na Federal Fluminense havia indícios dessa colaboração, o que levou Ezequiel, em nome da entidade, a interpelar publicamente o conservador Conrado Jacob de Niemeyer para que declarasse os nomes dos vários membros daquela associação que teriam ido "harmonizar com a Sociedade Conservadora, para fazerem causa comum contra seus inimigos", conforme havia afirmado o mesmo indivíduo.[105] Prevaleceu, no entanto, entre os exaltados, a posição contrária aos caramurus, o que mais tarde levou a Federal Fluminense a determinar a expulsão daqueles seus membros — como José Manoel de Moraes e o próprio Luis Augusto May —, que já então pertenciam também à Sociedade Militar, justamente alegando que as duas associações tinham fins opostos. O que provocou a reação indignada de outra folha caramuru, o *Brasileiro Pardo*,[106] que reduzia a questão ao seguinte silogismo: "a Sociedade Militar tem por fim primário sustentar o sr. d. Pedro II e a Constituição, e se isto é oposto ao que a Federal quer, por uma conseqüência precisa se segue que a Sociedade Federal é republicana", constituindo, portanto, "um elemento subversivo da ordem e do sistema jurado".

Já com os moderados a situação era um pouco diferente. Até a Abdicação, o grupo sustentava posição contrária à adoção do sistema federativo, mas, após o 7 de Abril, começaram a aparecer divergências internas: enquanto uns, temendo que a concessão de poder político às províncias levasse à instalação da anarquia e à fragmentação do Brasil, mostravam-se ainda hesitantes em aceitar a idéia ou mesmo se mantinham fiéis à centralização, outros passaram a defender não tanto o federalismo, mas ao menos a descentralização, uma vez que concordavam em delegar poderes às assembléias legislativas provinciais, sem que todavia fossem eleitos os presidentes de província (que deveriam, portanto, continuar a ser nomeados pelo governo central). Deve-se exatamente a essa postura mais flexível a aprovação do projeto Miranda Ribeiro pela Câmara dos Deputados, dominada pelos moderados. Um dos que mudaram gradualmente de idéia foi Evaristo da Veiga, que só a partir de 1832 iria assumir uma posição mais decididamente favorável à descentralização. Mudança importante, levando-se em conta que Evaristo era figura de destaque na Câmara, como deputado, na imprensa, como redator da *Aurora Fluminense*, e no movimento associativo, como membro da Sociedade Defensora. Em seu jornal, chegou a saudar a criação da Federal Fluminense, contanto que seguisse os propósitos legalistas da entidade homônima baiana: "Sãos e louváveis parecem estes fins, e se a Sociedade que a *Nova Luz* quer instituir no Rio de Janeiro com título semelhante se dedicar a eles com sinceridade, não lhe recusaremos o louvor, que merece".[107]

No entanto, as declarações contidas no ofício da Federal Fluminense para a Sociedade Promotora do Bem Público, particularmente a que versava sobre a legitimidade de um eventual ato revolucionário do povo soberano em prol das reformas constitucionais, vieram alimentar as desconfianças dos moderados em relação à associação exaltada. Comentando o documento, *O Independente* afirmava que nele "ressumbram do início ao fim indícios de um sentimento revolucionário, de que parece estar vivamente animada a Sociedade Federal", o que, segundo o jornal, "nenhuma surpresa nos causou; pasmoso seria, sim, que dimanassem princípios de ordem e de aferro à Constituição, e os poderes legítimos de um composto para que concorrem tantos elementos de desordem" e onde "ditam a lei homens irritados pela febre da exageração política". Aproveitava também para destacar a incoerência da entidade ao manter sócios ligados aos caramurus: "Por que fatalidade continua o sr. May a ser ainda da Sociedade Federal, apesar de ser um guapo restaurador? O princípio da Federação casa-se com o governo de Pedro I?". E, mais tarde, ao elogiar um parecer da Federal da Bahia negando apoio a qualquer governo que não o legalmente instituído, voltava o jornal a criticar a Federal Fluminense, comparando a conduta das duas associações: "A primeira é penetrada de um espírito conservador do governo, que julga digno de dirigir os destinos da pátria; a segunda só faz votos pela desordem, pela licença, (...) só anseia de ver derrubado o governo e substituído por um que adaptado seja à sua bruteza".[108]

Algumas circunstâncias, todavia, acabaram favorecendo a aproximação, ainda que parcial, entre moderados e exaltados. Em primeiro lugar, havia um inimigo comum a combater, os caramurus — juntamente com o fantasma da Restauração a eles associado —, que adquiriam força crescente e se mostravam cada vez mais ameaçadores, chegando a promover diversas revoltas em várias parte do país, inclusive na corte. Havia também, para ambos, um novo desafio a enfrentar: o rumo a ser seguido pelas reformas constitucionais depois do veto do Senado ao projeto Miranda Ribeiro. Por fim, a permanência da Federal Fluminense e de associações similares na linha legalista, após aquele acontecimento, também contribuiu para o entendimento entre os dois grupos, que, além das razões instrumentais, tinham bem mais afinidades ideológicas entre si do que com os caramurus.

Ezequiel parece ter sido um dos promotores, pelo lado exaltado, dessa reaproximação (antes, convém lembrar, as duas facções estiveram aliadas na luta contra Pedro I), realizada quando já presidia a Federal Fluminense. Nunca esteve entre aqueles que preconizavam um pacto com os caramurus e sabia que os exaltados, debilitados após o fracasso em sucessivas revoltas, teriam mais a ganhar — sobretudo em relação às reformas constitucionais — se estivessem de comum acordo com os moderados nessa questão. Um claro aceno nessa direção é o ofício que, como presidente da entidade, Ezequiel dirigiu em 12 de agosto de 1832 à Federal da Bahia, relatando os acontecimentos do final de julho na corte (quando, a pretexto de ter o Senado rejeitado seu pedido para destituir o caramuru José Bonifácio do cargo de tutor de Pedro II, Feijó empreendeu, sem sucesso, um golpe de Estado, visando transformar a Câmara dos Deputados em Assembléia Constituinte, aprovar as reformas constitucionais mediante a aclamação da chamada Constituição de Pouso Alegre e tornar-se, assim, regente único). Apesar de Feijó sempre ter sido um dos mais vigorosos oponentes dos exaltados, e embora a tentativa de golpe tenha contado com o apoio da Regência (que para facilitar as coisas chegou a demitir-se) e de vários deputados moderados (como Evaristo da Veiga, Custódio Dias e José de Alencar), evidenciando assim as disposições golpistas dos que se intitulavam defensores da lei e da ordem, o relato contido no ofício da Federal Fluminense foi surpreendentemente favorável aos articuladores da trama. Para começar, corroborava a explicação do golpe dada pelos moderados, para quem a ameaça restauradora ganhara força com a vitória do Senado sobre o governo na questão da tutoria imperial, pondo assim em xeque as reformas constitucionais. Defendia, portanto, a indicação da comissão de deputados favorável à conversão da Câmara em Assembléia Constituinte, lamentando que um parecer "*tão patriótico, tão puro e fundado so-*

mente na salvação do Brasil é julgado intempestivo, é envenenado e olhado como destruidor de nossas liberdades". Por fim, expressando contentamento com a decisão da Regência de reassumir o posto e nomear um novo ministério, afirmava que, diante disso, "*reaparece a alegria, e os Cidadãos, bem-dizendo a Providência, que constante vela sobre os nossos destinos, retiram-se dando-se recíprocos parabéns pelo feliz resultado desse dia*". E reiterava que a Federal Fluminense estava disposta a "*empregar todos os meios a fim de obter-se a reconciliação dos brasileiros*", que deveriam fazer "*barreira às tentativas do infame partido restaurador*".

Como prova da busca de entendimento com os moderados, uma cópia do ofício foi enviada à Sociedade Defensora da corte, onde, após ser lida na sessão de 24 de agosto, recebeu calorosa acolhida, "pelos sentimentos brasileiros e patrióticos que um tal escrito respira". Além de decidir manifestar essa satisfação à Federal Fluminense, a associação moderada aproveitou também para, em uma demonstração de reciprocidade, convidá-la a assistir aos festejos que realizaria no dia 7 de setembro, em comemoração ao aniversário da Independência. Em sua sessão de 4 de setembro, a Federal Fluminense não só aceitou o convite, "*agradecendo a urbanidade e singeleza com que a trata*", como ainda reiterou à Defensora "*os seus votos de ativa cooperação no serviço público*", o que, por sua vez, foi "*recebido com agrado*" na sessão do dia 16 daquela entidade.[109] Apesar de todas as dificuldades (que nem por isso deixariam de existir), estava assim selado o pacto informal entre as duas agremiações contra os caramurus e a favor das reformas constitucionais.

Nem todos, entretanto, ficaram satisfeitos com o conteúdo do ofício. Houve quem apontasse a incoerência em que então incorria a Federal Fluminense, como "O Liberal sem Seita", missivista do *Diario do Rio de Janeiro*, que dizia ter lhe provocado "grande mágoa" a leitura do documento, em virtude de suas "inexações (sic), sua parcialidade para com os facciosos de 30 de julho, que nada menos pretendiam do que acabar com o governo da Constituição"; estranhava sobretudo o fato de tudo aquilo ser dito "por uma Sociedade e assinado por patriotas vítimas das arbitrariedades das fúrias que caíram nesse dia", o que o levava a pedir uma explicação para o fato e também para o boato de que teriam ingressado na associação antigos opositores seus, como Nicolau Vergueiro, José Bento Ferreira de Mello, Batista Caetano e, "o que é mais para espantar", Rodrigues Torres, que "tão boas coisas disse da Sociedade Federal Fluminense no jornal *Independente*". O ofício foi ainda objeto de outra carta, também publicada no *Diário do Rio de Janeiro*, assinada por "um amigo do dito", que, se referindo ao que dissera o correspondente anterior a respeito das perseguições sofridas pelos federalistas, afirmava que "o sr. Ezequiel, que é um dos assinados nesse monumento de eterna vergonha, nada sofreu nem antes nem depois de 7 de Abril".[110]

Os caramurus, é claro, se mostraram os mais preocupados com a aliança firmada entre a Sociedade Defensora e a Federal Fluminense, ressaltando também seu aspecto contraditório. Referindo-se a esta última, O *Carijó* bradava indignado: "Compare-se hoje o comportamento desta Sociedade, que gritava contra ditaduras e contra o ex-ministro da Justiça, o padre Feijó, por olhar com horror para a liberdade de imprensa, contudo se acha lançada nos braços daqueles que outrora julgava seus mais encarniçados inimigos".[111] E não era outra a opinião do *Brasileiro Pardo*, ao protestar contra a realização de uma reunião das duas associações, no dia 18 de outubro de 1833, que teria como objetivo requerer ao governo a demissão do tutor José Bonifácio, sem que tais sociedades tivessem, segundo o jornal, "autoridade alguma para se ingerir em semelhante negócio".[112] Em resposta, a *Aurora Fluminense* mandava os caramurus se calarem, afirmando que as "sociedades Defensora e Federal estão na lei, a respeitam, a sustentam e só movem guerra aos traidores da restauração".[113]

Seja como for, a aliança entre as duas associações acabou rendendo bons frutos, no que diz respeito às suas principais finalidades: o combate aos caramurus e a realização das reformas constitucionais. Em pouco tempo, os caramurus sofreram sucessivas derrotas, que terminaram levando à desagregação do grupo. Em março de 1833, apesar do sucesso obtido em algumas localidades, a chapa de oposição que formavam juntamente com alguns exaltados da linha favorável à aliança entre as duas facções foi fragorosamente derrotada nas eleições para a legislatura a ter início no ano seguinte, a qual, como será visto em seguida, se revestia de especial importância. Em novembro, vários jornais caramurus saíram subitamente de circulação, em um processo semelhante ao que ocorrera em outubro de 1831 com a imprensa exaltada. Em dezembro, após uma série de violentas manifestações públicas de protesto contra a Sociedade Militar, foi esta fechada, o tutor José Bonifácio afinal demitido e diversos militantes do grupo presos e processados sob suspeita de conspiração. Em agosto e setembro de 1834, a promulgação do Ato Adicional, sepultando de vez o objetivo central dos caramurus de manter intangível a Constituição, e a morte prematura de Pedro I em Portugal, acabando com qualquer esperança restauradora, selaram em definitivo o destino dos caramurus.

Para Ezequiel e seus companheiros da Federal Fluminense, no entanto, o interesse maior em derrotar os caramurus estava no obstáculo que representavam à aprovação das reformas constitucionais, esta sim sua principal meta. E foi neste sentido que as coisas se encaminharam. Em agosto de 1832, o projeto Miranda Ribeiro foi devolvido à Câmara pelo Senado com nada menos que 14 emendas, das quais os deputados rejeitaram 12. As duas casas reuniram-se então em Assembléia Geral para deliberar sobre as emendas, chegando assim a uma solução conciliatória: a lei de 12 de outubro de 1832, que marcou os artigos da Constituição a serem reformados, conferindo poderes especiais para tanto aos deputados eleitos para a próxima legislatura. O resultado foi o Ato Adicional à Constituição, promulgado a 12 de agosto de 1834, que determinou a extinção do Conselho de Estado (mantendo, contudo, o Senado vitalício); o estabelecimento da Regência Una, sendo o regente eleito a cada quatro anos, mediante voto direto e secreto (configurando a chamada experiência republicana); e a criação de assembléias legislativas nas províncias, com mandato bienal e poder de legislar sobre os mais diversos assuntos, inclusive a fixação, repartição e fiscalização das despesas e rendas municipais e provinciais, e a nomeação dos funcionários públicos, além de instrução, segurança e obras públicas, ficando as resoluções da assembléia sujeitas à sanção do presidente de província. Se não chegou a estabelecer propriamente uma federação, já que o governo central continuou a ter a atribuição de nomear os presidentes de província, e se a autonomia municipal foi posta de lado em favor da concentração de poderes na esfera provincial, o Ato Adicional ao menos consagrou a descentralização, conferindo maior poder político e autonomia administrativa às províncias. Expressou, assim, na relação de forças que então definia o campo político regencial, o compromisso possível entre exaltados e moderados: se, por um lado, não contemplava de todo o ideal federalista dos primeiros, por outro, ia além das convicções centralizadoras inicialmente nutridas pelos últimos. Após tantas lutas, Ezequiel podia afinal descansar.

Epílogo

Ezequiel poderia ter ainda um longo caminho pela frente, como tantos outros, jovens iguais a ele, que iniciaram suas carreiras políticas naquela época, tornando-se figuras proeminentes na política imperial durante o Segundo Reinado. Preferiu, contudo, seguir outro rumo, também promissor, porém mais discreto, deixando quase que totalmente de lado as atividades políticas. O Ato Adicional assinalou o fim da meteórica trajetória dos liberais exaltados na corte, deixando estranhamente no ar um sabor amargo de vitória. É verdade que as conquistas então obtidas estavam muito aquém de tudo aquilo que pregaram com tamanho vigor e ousadia naqueles últimos cinco anos. Mas, a essa altura dos acontecimentos, era tudo quanto podiam conseguir; e foi o bastante, assim, para que os exaltados ainda atuantes, extenuados após tantas lutas inglórias, se acomodassem diante da incontestável supremacia moderada. Curiosamente, porém, o mesmo Ato Adicional que na corte selou o destino dos exaltados propiciou o revigoramento dessas facções radicais nas províncias ao promover o fortalecimento dos poderes regionais, permitindo assim que esses grupos explorassem os interesses sempre conflitantes e os antigos ressentimentos em relação ao governo central para se colocar à frente das grandes revoltas provinciais que a partir de 1835 viriam enfim minar o predomínio político moderado.

Nesse grande e fascinante laboratório político que caracteriza o período regencial, onde experiências as mais diversas foram testadas e as mais diferentes receitas prescritas, Ezequiel, o boticário exaltado, foi responsável por algumas das mais originais e avançadas fórmulas políticas então elaboradas, às quais se dedicou corajosamente com engenho e arte, seja na tribuna da imprensa, redigindo a *Nova Luz Brasileira*, seja na efervescência das ruas, como na Revolução do 7 de Abril e na revolta de julho do povo e tropa, seja ainda no movimento associativo, dirigindo a Sociedade Federal Fluminense.

Utilizando-se dos novos canais abertos de participação, aproveitou o momento de aguda crise política, marcada pela cisão violenta entre as elites políticas e pela decorrente dinamização da esfera pública, em fins do Primeiro Reinado e no início do período regencial, para lançar-se decididamente na arena de luta e tornar-se, assim, um dos principais agentes desse processo. Ao lado de seus companheiros exaltados, Ezequiel formulou um projeto alternativo de governo, de organização social, de nação; um projeto que se distinguia de qualquer outro na época pela incorporação de alguns postulados essenciais: a igualdade social, a cidadania plena e universal para toda a população livre, a soberania do povo e um governo republicano com feições democráticas. No entanto, a utopia que perseguia, o ideal de sociedade e governo que almejava, foi alvo constante das críticas mais perversas e virulentas, não só da parte daqueles que pretendiam manter ou restabelecer o antigo estado de coisas, como também da parte daqueles outros que desejavam mudanças não tão radicais. Foi taxado de anarquista, de rusguento e de demagogo, na tentativa de desqualificar seu projeto político, tido meramente como fruto das paixões desenfreadas típicas da exaltação febril. Não se tratava de incompreensão, mas de intolerância, de aversão a tudo aquilo que seu projeto efetivamente representava em termos de transformação da ordem política e social. Não eram culpa sua os impasses do liberalismo brasileiro — em certa medida, aliás, não muito diferentes dos de outros países — dos quais ele mesmo não esteve livre, apesar dos esforços que fez para superá-los. Mas teve afinal que se resignar, à vista desse Império já tão avesso a mudanças profundas em sua estrutura. Desiludido, não lhe restou então outra saída senão sair da cena política.

Na verdade, não se retirou por completo do meio. Após a recomposição das forças políticas efetuada na segunda metade da década de 1830, a partir do movimento conhecido como Regresso Conservador, Ezequiel aderiu às fileiras do recém-criado Partido Liberal, ao qual se manteve fiel durante longos anos, até o fim de seus dias. Mas sua atuação foi, quando muito, discreta, nem de longe lembrando aqueles seus dias de líder exaltado. O máximo a que chegou foi eleger-se por duas vezes vereador para a Câmara Municipal da corte, e isto muito mais em função da distinção alcançada no exercício de sua profissão do que propriamente por seu empenho ou destaque nas atividades políticas.

Foi exatamente para sua carreira profissional de boticário que Ezequiel se voltou após a desagregação dos liberais exaltados na corte e os novos rumos seguidos pela política imperial. Como membro titular da Academia Imperial de Medicina, da qual se tornou o primeiro presidente da Seção de Farmácia, apresentou importantes trabalhos, que contribuíram para o desenvolvimento da farmácia no Brasil, dentre os quais podem ser mencionados: a memória demonstrando a necessidade de elaboração de um código farmacêutico brasileiro que pela primeira vez contemplasse a riquíssima flora medicinal do país; a defesa do estabelecimento do exame obrigatório dos produtos alimentícios expostos à venda; a proposta de criação de um curso de farmácia com bacharelado prévio em ciências naturais; e o *Discurso histórico sobre a pharmacia no Brasil*, relativo ao período de 1808 a 1835, em que apontou as causas do atraso daquela ciência no país.

Ezequiel foi um dos mais vigorosos combatentes do charlatanismo, que invadia o mercado brasileiro de remédios com panacéias e elixires miraculosos, não raro importados, anunciados publicamente nos jornais e vendidos livremente nas farmácias, prometendo inclusive tratar de doenças até hoje incuráveis. Defendendo a ética e a empiria, Ezequiel instalou, em 1838, seu próprio laboratório, passando a fazer experiências e a preparar medicamentos, utilizando principalmente a flora nativa como base de suas pesquisas. Aí lançou ferruginosos que ultrapassavam em pureza os similares estrangeiros e isolou vários extratos ativos de plantas medicinais, como o da casca do pau-pereira, ao qual denominou pereirina, descoberta relatada à Academia em 1840. O preparado à base de cloridrato de pereirina que então desenvolveu foi largamente empregado no combate à malária. Seu laboratório, considerado modelo, foi escolhido em 1855 pela Faculdade de Medicina do Rio de Janeiro para servir de escola prática de farmácia aos seus alunos. Ezequiel decidiu então doá-lo à instituição, que em reconhecimento lhe conferiu o título de decano. Por decreto imperial de 26 de julho de 1850, foi nomeado farmacêutico do imperador dom Pedro II, no mesmo ano em que fundara a Sociedade Farmacêutica Brasileira, da qual tornou-se presidente e um dos redatores do periódico da associação, a *Revista Pharmaceutica.* Dois anos depois, integrou a Comissão de Farmacopéia, encarregada de organizar a primeira farmacopéia brasileira, mas divergências com a Junta Central de Higiene o impediram de ver realizado um de seus planos mais acalentados, somente concretizado em 1926.

Ezequiel se destacou ainda no combate às epidemias que assolaram a corte em meados do século. Durante os surtos de febre amarela que se sucederam a partir do verão de 1849/50 e durante a epidemia de cólera-morbo de 1855/56, Ezequiel forneceu gratuitamente medicamentos aos postos de saúde e à população carente, anunciados pela imprensa, assim como pôs ambulâncias com medicamentos próprios à disposição do governo e também supriu os hospitais de artífices e do 4º Batalhão de Artilharia.

As atividades de Ezequiel como boticário merecem um estudo à parte que o situe no emergente campo científico da época, algo também ainda a ser feito. O certo é que Ezequiel notabilizou-se não só por sua militância política, à frente dos liberais exaltados, como por sua carreira profissional, dando importante contribuição para o desenvolvimento da incipiente ciência farmacêutica do Brasil no século XIX. Tanto assim que Lycurgo Santos Filho o considera, ao lado de Joaquim Correia de Melo, o mais notável farmacêutico brasileiro do século XIX, e Messias do Carmo a ele se refere como o pai da farmácia brasileira.[114]

Ezequiel faleceu no dia 28 de dezembro de 1864, aos 63 anos de idade, vítima de enterocolite, como noticiou, três dias depois, o *Diario do Rio de Janeiro*. Foi casado com Francisca das Chagas Santos, com quem no dia 7 de janeiro de 1825 teve um filho, de igual nome e profissão (além de médico), que veio a ser lente de Farmácia da Faculdade de Medicina do Rio de Janeiro. Em sua homenagem, foi dado a uma rua na área do Mangue o nome de "Dr. Ezequiel", desaparecida com a reurbanização da Cidade Nova.

É significativo o fato de que Ezequiel tenha sido lembrado postumamente apenas por suas atividades profissionais a serviço da saúde do Império, ficando esquecida nas sombras da história a memória *exaltada* do panfletário político, do reformista social, do rebelde das ruas, do federalista dos tempos de outrora. Não convinha recordar um projeto político radical, revolucionário, que apontava para questões delicadas, ainda longe de serem resolvidas nas últimas décadas do século, e que representava uma época atípica — o período regencial —, sobre a qual por muito tempo pairou (e talvez ainda paire) uma visão fortemente negativa, marcada por conflitos sucessivos e violentos, pelo clamor emergente das ruas, pela instabilidade crítica do governo e das instituições, pela incerteza quanto aos rumos a serem seguidos, enfim, por tudo aquilo que ia frontalmente de encontro à imagem do Império legada à posteridade. Para piorar, tratava-se de um projeto derrotado, ao qual se negava a própria qualificação de projeto, e ainda por cima de uma facção estigmatizada sob a pecha de anarquista. Ezequiel não teve o destino de frei Caneca, cujas idéias inclusive eram bem mais contidas que as suas, mas cuja épica execução assumiu contornos dramáticos, elevando-o à condição de mártir e garantindo-lhe assim um lugar na história. Ezequiel teve uma morte bem comum, nada gloriosa, e, após o fim de seu grupo exaltado, ainda teve uma longa e produtiva vida dedicada à farmácia, o que de certa forma acabou obscurecendo sua trajetória política pregressa, como se tudo aquilo não tivesse passado de um arroubo juvenil. Quando não, restou a imagem denegrida, cunhada pelos moderados (a quem, como vitoriosos, coube o direito de consagrar sua versão particular da história), do anarquista, do demagogo. Imagem que muitos depois reproduziram, mesmo historiadores, como Octavio Tarquinio de Sousa, para quem Ezequiel não passava de um "agitador e instigante de arruaças e motins", ou Paulo Pereira de Castro, que, ao excluí-lo do grupo dos *liberais puros*, o reduziu a mero "agitador que toca nos ressentimentos de classe e de raça e acena com promessas de uma nova ordem social".[115] Quem sabe agora, 200 anos após seu nascimento, Ezequiel possa afinal encontrar um lugar melhor na história.

Notas

1. Carvalho, 1981, cap. 3.

2. Ipanema & Ipanema, 1976:94, quadro 2.

3. Santos, 1973:5 (o panfleto data de 1822).

4. Sobre a noção de trajetória, ver Bourdieu, 1996; ver também Levi, 1996.

5. Ipanema & Ipanema, 1976:94, quadro 2.

6. N. 10, 12-1-1830.

7. Ver Carvalho, 2000:130-5; e Silva, 1977:172-9.

8. N. 17, 5-2-1830.

9. N. 16, 3-2-1830; e n. 22, 23-2-1830.

10. N. 13, 22-1-1830.

11. N. 15, 29-1-1830.

12. N. 1, 9-12-1829; todos os realces nos originais, salvo indicação em contrário.

13. N. 52, 11-6-1830.

14. N. 5, 22-12-1829; e n. 6, 29-12-1829.

15. N. 167, 6-9-1831; e n. 164, 31-8-1831.

16. N. 4, 18-12-1829.

17. N. 7, 31-12-1829; e n. 22, 23-2-1830.

18. N. 22, 23-2-1830.

19. N. 58, 9-7-1830.

20. N. 152, 9-7-1831.

21. N. 165, 1-9-1831.

22. N. 176, 29-9-1831.

23. N. 178, 6-10-1831.

24. Referência aos periódicos moderados *Aurora Fluminense*, de Evaristo da Veiga, *Farol Paulistano*, do regente José da Costa Carvalho, e O *Independente*, então dirigido por Joaquim José Rodrigues Torres, e também ao cônego Januário da Cunha Barbosa.

25. N. 174, 24-9-1831.

26. N. 178, 6-10-1831.

27. N. 110, 14-1-1831.

28. N. 104, 21-12-1830.

29. N. 118, 11-2-1831.

30. Constituição Política do Império do Brasil, 1981:640; e Caneca, 1976:70.

31. N. 125, 11-3-1831.

32. N. 131, 15-4-1831.

33. N. 124, 8-3-1831.

34. Schulz, 1994:25.

35. N. 101, 10-12-1830.

36. N. 124, 8-3-1831.

37. N. 29, 20-3-1830; e n. 30, 23-3-1830.

38. N. 22, 23-2-1830.

39. N. 49, 28-5-1830; e n. 47, 21-5-1830.

40. N. 42, 4-5-1830.

41. N. 100, 7-12-1830; e n. 108, 7-1-1831.

42. N. 28, 16-3-1830.

43. N. 10, 12-1-1830.

44. N. 27, 12-3-1830.

45. N. 159, 13-8-1831.

46. Costa, s.d.:135.

47. N. 31, 26-3-1830; n. 30, 23-3-1830; e n. 29, 20-3-1830.

48. N. 45, 14-5-1830; e n. 47, 21-5-1830.

49. N. 45, 14-5-1830.

50. N. 11, 15-1-1830; realces meus.

51. Silva, 1922, t. 2, p. 481; *Aurora Fluminense* (553), 7-11-1831.

52. Mattos, 1990:125 e 259.

53. N. 16, 3-2-1830.

54. N. 22, 23-2-1830.

55. N. 22, 23-2-1830; e n. 7, 31-12-1829; realces meus.

56. N. 1, 24-12-1829.

57. N. 58, 9-7-1830.

58. N. 57, 6-7-1830; e n. 58, 9-7-1830.

59. Sobre as três vertentes da cidadania, ver Carvalho (1998:1-2). A respeito da classificação dos direitos dos cidadãos, ver Marshall (1967:63-75).

60. N. 174, 24-9-1831.

61. N. 142, 24-5-1831.

62. N. 142, 24-5-1831.

63. N. 155, 28-7-1831.

64. Id.

65. Sobre os projetos coloniais de reforma agrária, ver Jobim (1983). Sobre a Lei de Terras e os projetos legislativos que a antecederam, ver Carvalho (1988, cap. 3); Motta (1998, cap. 4 e 5); Dean (1975:416-17 e 421-28); Costa (s.d.:140-50); Linhares & Silva (1981:32-4); e Mattos (1990:218-20 e 239-51).

66. Rocha, 1956:180 (o panfleto foi originariamente publicado em 1855).

67. N. 121, 22-2-1831.

68. N. 125, 11-3-1831.

69. N. 113, 25-1-1831.

70. N. 85, 12-10-1830.

71. N. 87, 22-10-1830.

72. N. 123, 4-3-1831.

73. *NLB Extraordinária*, n. 1, 24-12-1829.

74. N. 132, 19-4-1831.

75. Vianna, 1945:223.

76. N. 3, 15-12-1829.

77. N. 26, 9-3-1830.

78. As eleições no Império eram indiretas e censitárias, sendo os cidadãos ativos (os que gozavam dos direitos tanto civis quanto políticos) divididos em duas classificações: a dos *votantes* (os que escolhiam aqueles que viriam a eleger os deputados e senadores, e que, entre outros requisitos, deveriam ter uma renda mínima anual de 100 mil-réis) e a dos *eleitores propriamente ditos* (cuja renda mínima exigida era de 200 mil-réis). Pela Constituição de 1824, os libertos podiam ser votantes, mas não eleitores, tampouco eleger-se deputado ou senador. Sobre a luta dos homens livres de cor pela garantia dos direitos civis, ver Mattos (2000:20-9 e 35-53). Sobre a participação de negros e mulatos nos movimentos de rua, ver Ribeiro (1997, cap. 4).

79. N. 175, 27-9-1831.

80. N. 78, 17-9-1830.

81. Carvalho, 1981:79-80 e 86-7.

82. N. 4, 18-12-1829.

83. N. 127, 18-3-1831.

84. N. 140, 17-5-1831.

85. Seidler, 1980:296.

86. Armitage, 1981:219.

87. Ambas as citações foram extraídas de Faria (1831:51), em cujo depoimento se baseia boa parte deste relato do 7 de Abril.

88. Seidler, 1980:322.

89. N. 131, 15-4-1831.

90. Ottoni, 1916:209 (o texto é de 1860).

91. N. 131, 15-4-1831.

92. N. 138, 10-5-1831.

93. A versão mais difundida da representação acha-se transcrita em diversos jornais, como O *Independente* (n. 23, 19-7-1831), *Aurora Fluminense* (n. 510, 20-7-1831) e *Diario do Rio de Janeiro* (n. 15, 19-7-1831). Neles não consta, porém, a lista das pessoas a serem expulsas do país, que se encontra quase na íntegra (faltando somente quatro nomes) na referida correspondência publicada no *Supplemento à Nova Luz* (n. 154, 20-7-1831), onde aparece a versão mais extensa da petição, e também no periódico exaltado O *Cabrito* (n. 1, 7-11-1833). Apenas este apresenta a relação (também incompleta, com 397 nomes, alguns repetidos) dos signatários da representação.

94. N. 154, 20-7-1831.

95. N. 158, 6-8-1831; e n. 164, 31-8-1831.

96. Ver Azevedo, 1885:294.

97. O *Repúblico*, n. 59, 28-4-1831.

98. N. 145, 8-6-1831; e n. 168, 8-9-1831.

99. N. 34, 6-4-1830.

100. Sobre a sessão de instalação da Sociedade Federal Fluminense, ver *Diario do Rio de Janeiro* (n. 4, 5-1-1832) e *O Clarim da Liberdade* (n. 13, 31-12-1831). As informações que se seguem sobre a associação em questão foram coligidas principalmente das edições de 1832 daquele primeiro jornal e também dos números de *A Malagueta* do mesmo ano.

101. Sociedade Federal, 1832:2.

102. Documento reproduzido no jornal *O Carijó* (n. 66, 6-9-1833).

103. As duas correspondências acham-se reproduzidas em *A Malagueta* (n. 155, 24-3-1832).

104. *Caramuru*, n. 9, 31-3-1832.

105. *Diario do Rio de Janeiro*, n 7, 8-5-1832. Pelo mesmo jornal (n. 12, 14-5-1832) Niemeyer respondeu que "não julga direito nenhum à Sociedade Federal, para exigir dele uma coisa imprópria do seu caráter".

106. N. 1, 21-10-1833.

107. *Aurora Fluminense*, n. 576, 2-1-1832.

108. N. 68, 28-3-1832; e n. 91, 27-6-1832.

109. O ofício e os demais documentos citados encontram-se transcritos em *O Homem e a America: Jornal da Sociedade Defensora da Liberdade e Independência Nacional* (n. 41, 1-9-1832; n. 42, 8-9-1832; e n. 43, 15-9-1832).

110. N. 3, 4-9-1832; e n. 4, 5-9-1832.

111. N. 66, 6-9-1833.

112. N. 1, 21-10-1833.

113. N. 832, 23-10-1833.

114. Ver Santos Filho, 1947, t. I, p. 129-30; 1987:483; e Carmo, 1965:2.

115. Sousa, 1957:134; e Castro, 1985:10.

Bibliografia

Anônimo: *Himno dedicado pelos jovens fluminenses aos ilustres redatores do* Repúblico, Voz *e* Nova Luz *por occasião de sua absolvição no Tribunal do Jury*. Rio de Janeiro, Lessa & Pereira, 1831.

Armitage, João. *História do Brasil: desde o período da chegada da família de Bragança, em 1808, até a abdicação de d. Pedro I, em 1831, compilada à vista dos documentos públicos e outras fontes originais formando uma continuação da* História do Brasil, *de Southey*. Belo Horizonte, Itatiaia; São Paulo, Edusp, 1981.

Azevedo, Manuel Duarte Moreira de. Sedição militar de julho de 1831 no Rio de Janeiro. *Revista do Instituto Histórico, Geographico e Etnographico do Brasil*. Rio de Janeiro, Imparcial, *37*, 1874. parte 2.

———. Sociedades fundadas no Brasil desde os tempos coloniais até o começo do atual reinado. *Revista do Instituto Histórico Geographico Brazileiro*. Rio de Janeiro, Laemmert, 48, 1885. parte 2.

Basile, Marcello Otávio Neri de Campos. Anarquistas, rusguentos e demagogos: os liberais exaltados e a formação da esfera pública na corte imperial (1829-1834). Rio de Janeiro: IFCS/UFRJ, 2000.(Dissertação de Mestrado.)

Blake, Augusto Victorino Alves Sacramento. *Diccionario bibliographico brazileiro*. Rio de Janeiro, Conselho Federal de Cultura, 1970. 2v. (ed. fac-similar da de 1893.)

Bobbio, Norberto. *Liberalismo y democracia*. México, Fondo de Cultura Económica, 1989.

Bourdieu, Pierre. A ilusão biográfica. In: Ferreira, Marieta de Moraes & Amado, Janaína (org.). *Usos e abusos da história oral*. Rio de Janeiro, FGV, 1996.

Caneca, frei. *Ensaios políticos: cartas de Pítia a Damião, crítica da Constituição outorgada, bases para a formação do pacto social, e outros*. Rio de Janeiro, Documentário/PUC; Brasília, Conselho Federal de Cultura, 1976.

Carmo, J. Messias do. Ezequiel Corrêa dos Santos, patrono da cadeira nº 100. *Tribuna Médica: órgão noticioso da Academia Nacional de Medicina*. 16-3-1965.

Carvalho, José Murilo de. *A construção da ordem: a elite política imperial*. Brasília, UnB, 1981.

———. *Teatro de sombras: a política imperial*. São Paulo, Vértice, Revista dos Tribunais; Rio de Janeiro, Iuperj, 1988.

———. *Virtus in medio*. Trabalho apresentado no Colóquio Virtudes e Interesses no Pensamento Político Moderno e Contemporâneo, UFMG, 2 a 4-9-1998.

———. História intelectual no Brasil: a retórica como chave de leitura. *Topoi: Revista de História*. Rio de Janeiro, 7 Letras (1), 2000.

———. *Cidadania no Brasil: o longo caminho*. Rio de Janeiro, Civilização Brasileira, 2001.

Castro, Paulo Pereira de. A "experiência republicana", 1831-1840. In: Holanda, Sérgio Buarque de (dir.) & Campos, Pedro Moacyr (assist.). *História geral da civilização brasileira. t. II: o Brasil monárquico; v. 2: Dispersão e unidade*. 5 ed. São Paulo, Difel, 1985.

Constituição Política do Império do Brasil. In: Campanhole, Adriano & Campanhole, Hilton Lobo (orgs.). *Constituições do Brasil: 1824, 1891, 1934, 1937, 1946, 1967, 1969*. 5 ed. São Paulo, Atlas, 1981.

Costa, Emília Viotti da. *Da Monarquia à República: momentos decisivos*. 5 ed. São Paulo, Brasiliense, s.d.

Dean, Warren. Latifundios y política agraria en el Brazil del siglo XIX. In: Florescano, Enrique (coord.). *Haciendas, latifundios y plantaciones en América Latina*. México, Siglo XXI, 1975.

Dias, Maria Odila Silva. A interiorização da metrópole (1808-1853). In: Mota, Carlos Guilherme (org.). *1822: dimensões*. 2 ed. São Paulo, Perspectiva, 1986.

Exposição dos acontecimentos da noite de 14, e dia 15 do mez de julho do corrente anno á nação brazileira. Rio de Janeiro, Typ. do Diario, 1831.

Falcon, Francisco José Calazans. *A época pombalina: política econômica e monarquia ilustrada*. São Paulo, Ática, 1982.

Faria, Silverio Candido de. *Breve historia dos felizes accontecimentos politicos no Rio de Janeiro em os sempre memoraveis dias 6, e 7 de abril de 1831*. Rio de Janeiro, Typ. de Thomaz B. Hunt e C., 1831.

Furet, François. Jacobinismo. In: Furet, François & Ozouf, Mona (dir.). *Dicionário crítico da Revolução Francesa*. Rio de Janeiro, Nova Fronteira, 1989.

Guimarães, Lucia Maria Paschoal. Em nome da ordem e da moderação: a trajetória da Sociedade Defensora da Liberdade e da Independência Nacional do Rio de Janeiro. Rio de Janeiro, IFCS/UFRJ, 1990. (Dissertação de Mestrado.)

Habermas, Jürgen. *Mudança estrutural da esfera pública: investigações quanto a uma categoria da sociedade burguesa*. Rio de Janeiro, Tempo Brasileiro, 1984.

Ipanema, Marcello & Ipanema, Cybelle. Imprensa na Regência: observações estatísticas e de opinião pública. *Revista do Instituto Histórico e Geográfico Brasileiro*. Rio de Janeiro, Departamento de Imprensa Nacional, *307*, 1976.

Jobim, Leopoldo. *Reforma agrária no Brasil Colônia*. São Paulo, Brasiliense, 1983.

Lenharo, Alcir. *As tropas da moderação (o abastecimento da corte na formação política do Brasil — 1808-1842)*. 2 ed. Rio de Janeiro, Secretaria Municipal de Cultura, Turismo e Esportes, Departamento Geral de Documentação e Informação Cultural/Divisão de Editoração, 1993.

Levi, Giovanni. Usos da biografia. In: Ferreira, Marieta de Moraes & Amado, Janaína (orgs.). *Usos e abusos da história oral*. Rio de Janeiro, FGV, 1996.

Linhares, Maria Yedda Leite & Silva, Francisco Carlos Teixeira da. *História da agricultura brasileira: combates e controvérsias*. São Paulo, Brasiliense, 1981.

Macedo, Joaquim Manoel de. *Supplemento ao Anno biographico*. Rio de Janeiro, Typ. Perseverança, 1880. v. 1.

Magalhães, Fernando. *O centenário da Faculdade de Medicina do Rio de Janeiro: 1832-1932*. Rio de Janeiro, Typ. A. P. Barthel, 1932.

Marshall, T. H. Cidadania e classe social. In: Marshall, T. H. *Cidadania, classe social e status*. Rio de Janeiro, Zahar, 1967.

Mattos, Hebe Maria. *Escravidão e cidadania no Brasil monárquico*. Rio de Janeiro, Jorge Zahar, 2000.

Mattos, Ilmar Rohloff de. *O tempo Saquarema: a formação do Estado imperial*. 2 ed. São Paulo, Hucitec, 1990.

Morel, Marco. Sentinela da liberdade: presença de Cipriano Barata no processo de Independência no Brasil. Rio de Janeiro, IFCS/UFRJ, 1990. (Dissertação de Mestrado.)

———. *Frei Caneca: entre Marília e a pátria*. Rio de Janeiro, FGV, 2000.

Motta, Márcia Maria Menendes. *Nas fronteiras do poder: conflito de terra e direito à terra no Brasil do século XIX*. Rio de Janeiro, Vício de Leitura, Arquivo Público do Estado do Rio de Janeiro, 1998.

Neves, Lúcia Maria Bastos Pereira das. Corcundas, constitucionais e pés-de-chumbo: a cultura política da Independência, 1820-1822. São Paulo, FFLCH/USP, 1992. 2v. (Tese de Doutorado.)

Ottoni, Theophilo Benedicto. [1860]. Circular dedicada aos srs. eleitores de senadores pela província de Minas Gerais. *Revista do Instituto Histórico e Geográfico Brasileiro*. Rio de Janeiro, Imprensa Nacional, 78, 1916.

Perelman, Chaïm & Olbrechts-Tyteca, Lucie. *Tratado da argumentação: a nova retórica*. São Paulo, Martins Fontes, 1996.

Pocock, John Greville Agard. *Politics, language and time: essays on political thought and history*. Chicago, London, University of Chicago Press, 1989.

Ribeiro, Gladys Sabina. A liberdade em construção: identidade nacional e conflitos antilusitanos no Primeiro Reinado. Campinas, IFCH/ Unicamp, 1997. 2v. (Tese de Doutorado.)

Ribeiro Filho, J. S. *Dicionário biobibliográfico de escritores cariocas (1565-1965)*. Rio de Janeiro, Brasiliana, 1965.

Rocha, Justiniano José da. Ação; reação; transação: duas palavras acerca da atualidade política do Brasil. In: Magalhães Júnior, Raimundo. *Três panfletários do Segundo Reinado*. São Paulo, Nacional, 1956.

[Santos, Luís Gonçalves dos]. Justa retribuição dada ao compadre de Lisboa em desagravo aos brasileiros offendidos por varias asserções, que escreveo na sua carta em resposta ao compadre de Belem, pelo filho do compadre do Rio de Janeiro. In: Faoro, Raymundo (org.). *O debate político no processo da Independência*. Rio de Janeiro, Conselho Federal de Cultura, 1973.

Santos Filho, Lycurgo. *História da medicina no Brasil (do século XVI ao século XIX)*. São Paulo, Brasiliense, 1947. t. 1.

———. Medicina do período imperial. In: Holanda, Sérgio Buarque de (dir.) & Campos, Pedro Moacyr (assist.). *História geral da civilização brasileira. t. II: o Brasil monárquico — reações e transações*. 6 ed. Rio de Janeiro, Bertrand Brasil, 1987. 3v.

Schulz, John. *O Exército na política: origens da intervenção militar, 1850-1894*. São Paulo, Edusp, 1994.

Seidler, Carl. *Dez anos no Brasil*. Belo Horizonte, Itatiaia; São Paulo, Edusp, 1980.

Silva, Antonio de Moraes. *Diccionario da lingua portugueza...* Rio de Janeiro, Fluminense, 1922. t. 2. (ed. fac-similar da 2 ed., de 1813.)

Silva, Inocencio Francisco da. *Diccionario bibliographico portuguez. Estudos de Inocencio Francisco da Silva applicaveis a Portugal e ao Brasil*. Lisboa, Imprensa Nacional, 1870. v. 9.

Silva, Maria Beatriz Nizza da. *Cultura e sociedade no Rio de Janeiro (1808-1821)*. São Paulo, Nacional; Brasília, Instituto Nacional do Livro, 1977.

Skinner, Quentin. *As fundações do pensamento político moderno*. São Paulo, Companhia das Letras, 1996.

Sociedade Federal. *Correspondencia entre as sociedades federaes das cidades da Bahia e Rio de Janeiro*. Rio de Janeiro, Typ. Brazileira, 1832.

Sodré, Nelson Werneck. *A história da imprensa no Brasil*. Rio de Janeiro, Civilização Brasileira, 1966.

Sousa, Octavio Tarquinio de. *História dos fundadores do Império do Brasil. v. VII: Diogo Antônio Feijó*. Rio de Janeiro, José Olympio, 1957.

Vianna, Helio. *Contribuição à história da imprensa brasileira (1812-1869)*. Rio de Janeiro, Imprensa Nacional/Ministério da Educação e Saúde/Instituto Nacional do Livro, 1945.

Wernet, Augustin. *Sociedades políticas (1831-1832)*. São Paulo, Cultrix; Brasília, Instituto Nacional do Livro, 1978.

Outros Livros da Coleção
(Títulos já publicados)

Anchieta — dívida de papel
Marcus Alexandre Motta
156p.

Antônio Vieira — infalível naufrágio
Marcus Alexandre Motta
164p.

Frei Caneca — entre Marília e a pátria
Marco Morel
100p.

João do Rio — a cidade e o poeta: o olhar de *flâneur* na *Belle Époque* tropical
Antonio Edmilson Martins Rodrigues
140p.

José Bonifácio — razão e sensibilidade uma história em três tempos
Berenice Cavalcante
136p.

José de Alencar — o poeta armado do século XIX
Antonio Edmilson Martins Rodrigues
156p.

Rui Barbosa: pondo as idéias no lugar
João Felipe Gonçalves
184p.

Sílvio Romero — dilemas e combates no Brasil da virada do século XX
Maria Aparecida Rezende Mota
132p.

---

impresso nas oficinas
da Imprinta Gráfica e Editora Ltda.,
à Rua João Romariz, 285 - Rio de Janeiro.